共謀罪は廃止できる

海渡雄一

緑風出版

目次

共謀罪は廃止できる

1　共謀罪とは何か、私たちはなぜ反対したのか　13

4　深いベールに包まれる監視捜査

はじめに　共謀罪のある社会に生きるということ

二〇一七年六月十五日早朝に共謀罪法は徹夜の参議院本会議の末に成立しました。そして、七月十一日には法が施行され、政府は国連越境組織犯罪防止条約（ＴＯＣ条約）を世界で一八八番目に批准しました。

二〇〇三年の政府提案から一四年余に及んだ私たちの反対運動は成功しませんでした。しかし、この共謀罪反対運動の最大の成果は、日本の市民が深まるデジタル監視の下でプライバシーを守る闘いの重要性を共有することができたことです。これから私たちは、共謀罪法を廃止するための長く時間のかかる運動を始めようとしているわけですが、実は共謀罪の廃止はゴールの一つに過ぎません。国連の特別報告者であるカナタチ氏が述べたように、監視社会の中で、人が自立して活動を続けるために、プライバシーを保護する法制度を作っていかなければなりません。私たちの前にはこのような大きな仕事が残されていることが明瞭になりました。

本書はこのような願いを実現するための第一歩として書かれました。ですから、プライバシーの危機を示す内外の事例を掘り下げ、その保護のための国連や国際社会での努力、さらにはドイツの参考とすべき考え方なども紹介しました。

全国で、気がかりな動きが表面化しています。共謀罪に反対した小さな市民団体が、警察から「どうして反対した」との問い合わせを受けたという情報があります。地方自治体から助成を受けていた団体が共謀罪に反対したことで、助成を打ち切られそうになっているという情報もあります。事件の捜査よりはるか以前の位相で、共謀罪の制定による萎縮効果は既に仕掛けられているのです。

ここで、まず私たちがやらなければならない最初のことは、萎縮しないで市民活動をやりきることを誓い合うことではないでしょうか。みんなが萎縮を始めると突出している部分が目立って狙われることになるからです。

共謀罪に関して言えば、おそらく最初は、暴力団や詐欺集団、人身売買、児童ポルノなどのケースが狙われ、「共謀罪は女性や子どもたちの安全に役に立った」というキャンペーンが張られると見た方が良いでしょう。確かに、共謀罪をこのような組織犯罪の対策で使うことは可能です。

しかし、そうした事件の多くが、現実に組織犯罪集団によって繰り返されている既遂犯罪であり、新たに「共謀罪」を制定しなければ、摘発できない犯罪であったかどうかは慎重に検証しなければ、この法律の必要性を論証したことにはなりません。そして、法を適用された者が真の「組織犯罪集団」であっても、その適用の過程を厳しく監視し、悪法の適用にはそれが誰を対象にしたものであるとしても、反対していくのだというスタンスを、私たち市民はあらかじめ決めておく必要があると思います。

私たちは共謀罪なんかに負けないぞ！

表現の自由と民主主義を取り戻そう！

1 共謀罪とは何か、私たちはなぜ反対したのか

一　私たちの反対の声、国際社会からの声を無視して強行された共謀罪の成立

二〇一七年六月十五日早朝に、共謀罪法案は成立しました。

私は法案の成立が必至となった六月十四日の夜二〇時に、国会前から次のメール（もちろん本文は英文です）を国連人権理事会プライバシーの権利特別報告者のジョゼフ・カナタチさんに送りました。カナタチさんが五月十八日に日本政府宛に共謀罪法案についての書簡を送られた後、私たちはこの書簡の翻訳や六月九日の日弁連スカイプシンポの準備のため、頻繁に連絡を取り合うようになっていました。

「悲しいお知らせです。日本政府は、十四日午後、参議院法務委員会における法案審議が未了であり、各政党の賛否の意見を述べる機会も与えられなかったにもかかわらず、突如共謀罪法案を参議院本会議に提案し、委員会での採決を省略して、議決するという驚くべき提案を行いました。

賛否が大きく分かれている法案について、このような議事の省略を行うことは、異例であり、日本の政党政治のもとでも、ほとんど例のない暴挙と言って良いと思います。

いま、国会では法務大臣の不信任決議案が採決中です。その後、野党は衆議院に内閣不信

参院本会議の 共謀罪法案採決で牛歩する反対議員＝6月15日午前7時21分（写真提供：共同通信社）

任案を提案する予定ですが、これが否決された後には、共謀罪法案を参議院本会議において、強行採決する見通しです。今（午後八時）も、国会の周りには数千人の市民が、共謀罪法案の廃案を求めて、シュプレヒコールを繰り返しています。国会は徹夜で開かれる見通しで、日本時間で、十五日の午前六時頃（実際には七時過ぎとなりました——引用者注）には、共謀罪法案が可決成立する見通しとなりました。

共謀罪法案について、あなたの貴重な意見が届けられたにもかかわらず、私たちの力が及ばず、このような事態となったことは、誠に残念です」

二　私はこの長い道を全ての日本市民とともに進んで歩んでいくつもりです（カナタチ）

カナタチさんからは十四日の二二時二八分に返事が来ました。このメールは二十一日の日弁連の院内集会で公表されました。その一部をご紹介しましょう。

日本政府が国会での共謀罪法案の成立を強行したことには失望しておりますが、驚いてはおりません。ほとんどの公開された世論調査から判断するのであれば、このような日本政府の行動は、同法の必要性や、起案の適切性につき、国際社会は言うに及ばず、とりわけ日本の市民に対して何らの説得力を持つものではありません。日本政府は恐怖の心理、テロに対する市民の恐れを利用して、そもそもテロ対策のために制定されたものではない国際条約に加盟するために必要であるという口実のもとで法案の成立を押し通したものです。

欠陥を有し危険な可能性を持ち合わせた法案を国会で性急に押し通すという行為はまた、私が各国政府に対して、濫用され国内市民のより厳しい監視及び管理につながる一方で、目に見える形での安全強化につながらないプライバシー侵害的な法律を押し通すために市民の恐怖に付け入ってはならないと呼び掛けた二〇一七年三月七日付人権理事会宛報告に直接反するものです。

政府が反対派の妨害戦略と捉えていると思われる行動に苛立ちを覚えることは理解できますが、法案を押し通すためにこのような強硬手段に出ることは、真に民主的な社会においては認められるものではありません。

日本政府は今日に至るまで、私の懸念に対して、公にも内々にも、満足な回答どころかいかなる回答をもしていません。したがいまして、私は現在も日本がプライバシー権に対する保護措置を改善しなければいけないと言い続けます。それは、この疑義ある法案が成立した今、なおさらそのように考えます。私の立場は今もなお、間違いが犯されており正される必要があると指摘しなければいけない「批判的な友人」のものです。このため、私は日本を訪問し、様々な方法でプライバシー関連法や許可・監督の仕組みを強化する選択肢を模索するためにお招きいただくよう、最大限友好的な表現で再度日本政府に呼び掛けています。招かれることがあれば、プライバシーに関する国連特別報告者のマンデートは進んで積極的にお手伝いします。

それまでの間、私は日本の市民社会及び人権弁護士と密に協同し、プライバシー権及び関連する人権を守るために、どの保護措置を日本法に導入すべきであり、どのような新しい運用上の仕組みを導入すべきかにつき、公平かつバランスのとれた議論を行っていきます。全ての日本市民は、たとえ本日「共謀罪」が成立していなかったとしても、この活動が必要になっていたことを忘れてはなりません。むしろ良い面に着目しましょう。市民社会、法実務家、客観的な研究者その他の利害関係者と共に、国会から離れて、そして今だけ、とりわけ国会内の熱が少し冷めるまでの間だけでも政治家から離れてこれらの重要な問題について議論する機会を作りましょう。

道は長いものですが、私はこの長い道を全ての日本市民とともに進んで歩んでいくつもりであり、道中新たな友を多く作ることを期待しております。

ジョゼフ・カナタチ（プライバシーの権利特別報告者）」（弁護士木下徹郎訳）

カナタチさんの書簡に対する日本政府の回答は八月末に外務省のＨＰに掲載されました。その内容の検討は、第3章六で行います。十月には来日され、自由人権協会や日弁連のため、講演して下さる予定ですが、このカナタチさんの短い手紙の中に、共謀罪法案に対して、私たちが提起した疑問と今後私たちに課せられている課題が凝縮されているようにみえます。

三　共謀罪法案とは何か、私たちはなぜ反対したのか

共謀罪になぜ反対しなければいけないか、一番基本的なところをQA方式できちっと説明しておきましょう。

Q1　国会で成立した共謀罪法とはどんな法律ですか

条文は巻末に資料1として採録しましたが、そのまま引用してもわかりにくいでしょうから、ポイントに分解して説明します。

(1) **長期四年以上の刑を定める犯罪のうち組織犯罪集団の関与が考えられる別表四の二七七の犯罪について**

(二七七の犯罪については一覧表を巻末〔資料2〕にいれました。また、この犯罪についての議論は第3章で詳論します)

(2) **組織的犯罪集団の活動として、当該行為を実行するための組織により**行われるもの

(3) 組織犯罪集団とは、その**結合関係の基礎としての共同の目的**が別表第三（二七七の犯

罪）の罪を犯すことにある団体
（組織犯罪集団については議論がありますので第3章で詳論します）

(4) **遂行を計画した者**
（二〇〇三年法案では合意とされていた文言が計画に変わっていますが、意味は変わらないと思います）

(5) **その計画をした者のいずれかによりその計画に係る犯罪の実行のための資金又は物品の取得、関係場所の下見など計画をした犯罪の実行の準備行為が行われたとき**
（準備行為については、議論がありますので、第3章で詳論します）

(6) 当該各号に定める刑に処する。
刑期　原則は　懲役二年以下
死刑・無期・長期一〇年以上の犯罪の共謀は　懲役五年以下

(7) **犯罪の実行着手前に、自首したときは、その刑は減免される。**
（密告が奨励されるという批判のある条項ですが、これも第3章で詳論します）

これだけでは、よくわからないと思いますので、基本的な説明を続けます。

Q2　共謀が処罰されることにどんな意味があるか

共謀が処罰されることの意味がどこにあるかと聞かれます。

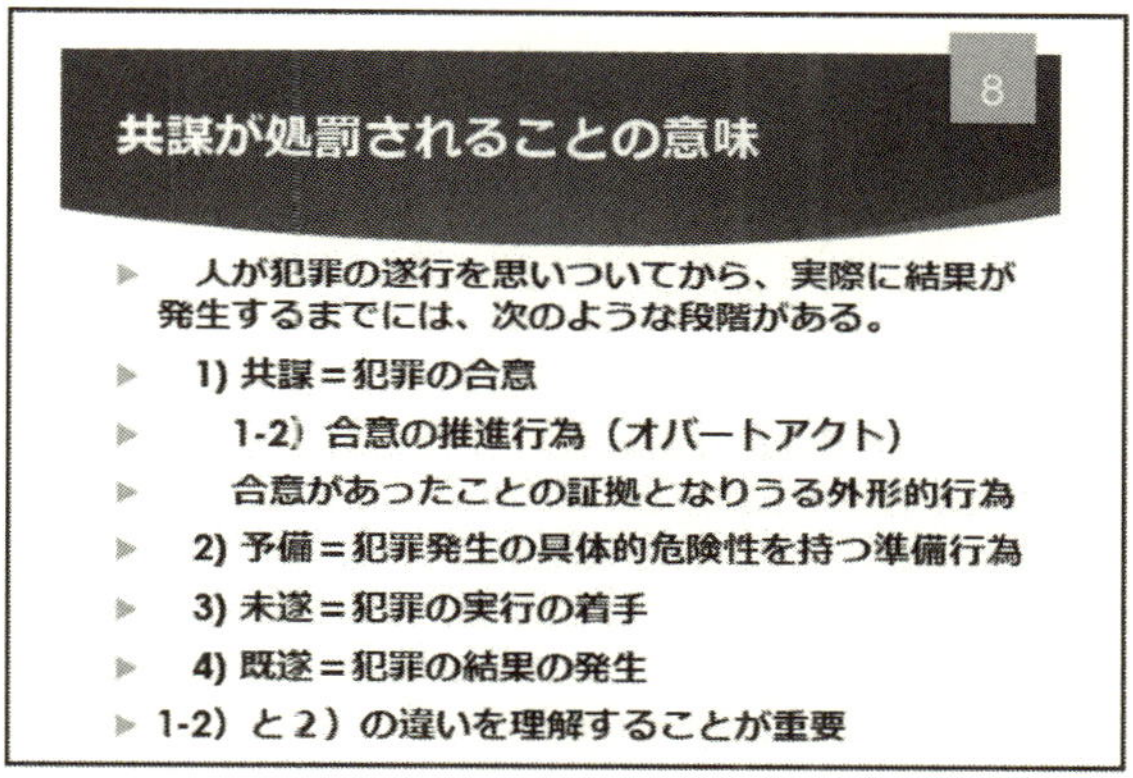
8
共謀が処罰されることの意味
人が犯罪の遂行を思いついてから、実際に結果が発生するまでには、次のような段階がある。
1) 共謀＝犯罪の合意
1-2）合意の推進行為（オバートアクト）
合意があったことの証拠となりうる外形的行為
2) 予備＝犯罪発生の具体的危険性を持つ準備行為
3) 未遂＝犯罪の実行の着手
4) 既遂＝犯罪の結果の発生
1-2）と２）の違いを理解することが重要

共犯事件の犯罪が行われる過程を分析すると、ある人が犯罪を心に思い描いてから、結果が発生するまでの間には、共謀、（準備）、予備、未遂、既遂というふうに進むわけですが、日本の刑法の原則というのは既遂が原則、未遂は例外、予備はごく例外、そして共謀は本当の例外という感じです。

特別刑法を除く刑法典の犯罪は全部で二〇〇個ほどあります。つまり既遂で処罰される罪が二〇〇個あることになるのですが、そのうちで未遂が処罰されているのは三割ぐらいです。そして予備罪があるのは一割、一〇％、共謀罪があるのは一％ぐらいです。これまでは、極めつけの重大犯罪である殺人についても予備罪しかなく、殺人の共謀罪はなかったのです。

ところが、二七七個の共謀罪ができるということは、一％が突然一〇倍二〇倍ぐらいに増えたという感じなんです。そのことが、刑法体系、私たちの国の刑罰制度の根幹を変えてしまう可能性のある重大な問題であると私たちが主張していた意味が分かっていただけるかと思います。

Q3　どのような行為が刑罰の対象かわからなくなる？

刑法で何をしてはいけないかということが決まっていて、そういうことをしない限り、人間の行動は自由だというのが我々の社会の決まりごとだと思います。共謀罪ができたために、その基本が変わってしまうわけです。人を殺してはいけない、というのが今までの規範ですね。しかしこれからは人を殺したいというようなことを考えて、それを口に出すということをしてはいけないことになるわけです。口に出しただけで、誰かがうんと言ってくれなければ、共謀罪にはならないけれども、誰かが同意すれば、共謀罪は成立してしまうのです。

このように、犯罪構成要件は、国家が刑事司法を通じて市民社会に介入するときの境界線を画すものだといえます。近代刑法の父とされるアンゼルム・フォイエルバッハの言葉とされる「法律なければ犯罪なし、法律なければ刑罰なし」は罪刑法定主義と犯罪構成要件の人権保障機能を端的に表しています。

二七七の犯罪について共謀の段階から処罰できる「共謀罪法」の本質的危険性は、この境界線である犯罪が成立する要件のレベルを大幅に引き下げ、どのような行為が犯罪として取締りの対象とされるかをあいまいにし、国家が市民の心の中にまで監視の眼を光らせ、犯罪構成要件の人権保障機能を破壊してしまうところにあります。

立命館大学の松宮孝明教授は「罪刑法定の原則と刑法の解釈」（『立命館法学』二〇一〇年第四号）において、次のように述べています。

〈刑罰法規は、どのような行為が処罰されるのかを市民に対して事前に告知するために、一定程度明確でなければなりません。これを刑罰法規の明確性と呼びます。この明確性と内容的適正性は、相互にからみあって問題となることがあります。現に、十八歳未満の青少年との「淫行」を罰金で処罰していた福岡県青少年保護育成条例について、この問題が争われました。なぜなら、青少年との「淫行」をすべて処罰したのでは、先に述べたとおり、十六歳で婚姻した女性とその夫とは性交渉ができないという問題がありますし、逆に、これを思慮・分別の足りない青少年を食いものにするような行為に限ろうとすれば、そのような趣旨と処罰限界がその条文から読みとれるかどうかが疑問となるからです。

これについて最高裁は、この条例にいう「淫行」とは「広く青少年に対する性行為一般をいうものと解すべきではなく、青少年を誘惑し、威迫し、欺罔《ぎもう》し又は困惑させる等その心身の未成熟に乗じた不当な手段により行う性交又は性交類似行為のほか、青少年を単に自己の性的欲望を満足させるための対象として扱っているとしか認められないような性交又は性交類似行為をいうものと解するのが相当」と解しました（最大判一九八五年十月二十三日刑集三九巻六号四一三頁）。

その理由は、「淫行」を性行為一般と解すると、「婚約中の青少年又はこれに準ずる真摯な交際関係にある青少年との間で行われる性行為等、社会通念上およそ処罰の対象として考え難いものをも含むこととなって、その解釈は広きに失することが明らかであり」、また、「淫行」を「単に反倫理的あるいは不純な性行為と解するのでは、犯罪の構成要件として不明確であるとの批判を免れない」ということでした。つまり、この条例は、最高裁のように限定して解釈しないと「広すぎる」し、限定するにしても単に不純な性行為とするだけでは限界が「不明確」だというのです。そして、最高裁によれば、「このような解釈は、通常の判断能力を有する一般人の理解にも適うものであ」るというのです。しかし、このような「解釈」に対しては、最高裁の中からも、三人の裁判官の反対意見が現れました。すなわち、最高裁の多数意見のような「解釈」は、もはや「淫行」という言葉について、通常の判断能力を有する一般人の理解の及びえないものであり、解釈の限界を逸脱した立法作業であるし、「単に自己の性的欲望を満足させるための対象として扱っているとしか認められないような性交又は性交類似行為」という定義も曖昧であって処罰範囲としても広すぎるというのです。この三人の最高裁判事の判断能力が「通常の判断能力を有する一般人」のそれより劣るというのでないのなら、その域にまで至らない「通常の判断能力を有する一般人」では、なおさら多数意見のような解釈を引き出すことは困難でしょう。したがって、その意味でも、多数意見の結論には疑問があります。多数意見は、もはや、解釈の限界を超えた限定解釈だと思います。〉

「共謀」＝「計画」の範囲の解釈は、ここで問題にされている「淫行」以上に困難です。つまり、刑罰構成要件は、明確でなければならず、共謀罪法の定める「計画」「組織犯罪集団」「準備行為」などの要件は明確性を欠いています。二七七の犯罪も、あまりにも広範すぎます。このように明確性を欠く刑罰法規は適正な手続によらなければ人は処罰されないことを保障している憲法三一条に反し、無効なのです。

Q4　犯罪捜査のやり方が変わる？

これまでの犯罪の捜査は、犯罪の被害が起き、それを引き起こした犯人を捜すというのが、捜査の基本でした。現場に残された指紋や遺留品から犯人を突き止めることが捜査の基本とされてきました。ところが、共謀罪の場合、まだ話し合いが行われているだけで、犯罪の結果＝被害が起きていない段階で、犯罪は成立し、これを捜査することになるのです。ですから、おそらく警察はこう言い出すと思います。

「今までは犯罪が起きてから我々は捜査をしておりました。しかし犯罪が変わりました。そういう悪いことを話し合っている人がいないかどうか、それを我々は捜査しなければいけなくなりました。そのためにどうするか。皆様が毎日話をしておられる電話やメール、ラインとかそういうものは全部見させていただきます」と、このようにいうようになるんじゃないかと思います。

そんなことはないでしょうと、そこまでひどいことはしないんじゃないのと皆さんは思うかもしれません。しかし、二〇一六年の八月三十一日これは政府が法案を出すといった四日後ですが、産経新聞にこういう記事が出ています。「法案の制定だけでは効力が十分発揮できない、刑事司法改革で導入された司法取引や対象罪種が拡大された通信傍受（盗聴のことです）の対象に共謀罪を加えるべきだ、テロを防ぐためのあらゆる手立てを検討してほしい」と意見を述べています。産経新聞ってすごい新聞ですね。日本の今の政府、警察が何を考えているかを事前に教えてくれているわけです。こういうことを産経新聞に書かれるということは、そういうことを言っている警察官僚がいるということだと思います。

二〇一七年の一月、予算委員会でこの問題が取り上げられました。まだ法案が出てなかったんですが、そこでの国会議員の質問に対して金田法務大臣は次のように答えています。共謀罪ができたときに、これを通信傍受の対象にする予定はあるかとの質問に、今のところそういう予定はございません、しかしその点は将来の検討課題でございますという答えなのです。将来というのは法案ができた暁にはそういうことを検討させてもらって提案しますよという意味にとれます。ですから、この共謀罪が通信傍受の対象になるということは具体的に可能性があるということです。そうなったときには本当に恐ろしくてメールもラインもできないことになります。私たちが、「ラインもできない共謀罪」とか「ラインで捕まる共謀罪」

などの標語で、若者にアピールしようとしたことには根拠があったのです。

ラインというのはとても便利な道具です。どこで飲み会やろうかとか、次に会うのをいつやろうかとか、そういうことを簡単に決められる。その同じ道具が犯罪を共謀するためにも簡単に使えますよね。そして、その過程がすべて記録に残されていて、ラインのサーバーが押さえられてしまったら終わりなのです。

Q5　どんな市民活動が共謀罪の取り締まり対象となるの？

現に日本の警察がやっている行為としては、基地建設に反対するような市民運動が工事を止めるために道路に座り込んだと、これは沖縄で基地の建設に反対している人達が現にやっていて、そして威力業務妨害罪ということでそのリーダーの山城博治さんという方が逮捕されて、なんと五カ月間も勾留されて七〇〇万円の保釈金を払ってようやく出てこられた事件があったばかりです。裁判は今も続いています。山城さんは大変重い病気を患って病み上がりだったんですが、あのまま拘置されていたら、本当に獄中で死んでしまうんじゃないかと思って心配しました。

原発の運転が再稼働するというような場合も考えてみましょう。柏崎原発が再稼働すると言ったら新潟の人たちは怒り狂って、柏崎原発のゲートに集まろうということになると思います。ゲートに集まろうというのは、そこで抗議の声を上げるためでしょうけれども、じゃあ車が来たときに通すのかと通さないかをはっきり決めないで呼びかけると思います。実際に現場では、指導者が臨機応変に対応して混乱は避けられてきたわけですが、共謀罪ができると、原発ゲートに集まれと呼びかけられた時点で、これは原発の再稼働の業務を威力をもって妨害しようと共謀している行為だということで、そういうことを呼びかけた人、それでいいねとか言った人とか、その現場に行こうとした人がみんな一網打尽で捕まえられると、そういうようなことは十分あり得るだろうと思います。

例えば、テロ資金供与防止法違反の共謀罪ができました。イスラエルがパレスチナの病院とか学校をどんどんミサイルで攻撃して爆破しているわけですけれども、気の毒だなと思ってパレスチナの病院の再建のために献金しようというようなことを呼びかけたとします。でもそこは実はハマスという団体が経営していると、ハマスというのはなかなか複雑な団体で、日本政府からはテロリストだというふうに規定されていますが、パレスチナの人たちにとっては学校や病院なんかを経営していて、現実に行政的な機能も負っている、そういう非常に複雑な性格を帯びた団体です。病院の再建のための献金であってもテロ資金供与だというふうに言われかねないという要素がある、したがってそのような献金を呼びかけただけで、共謀罪で検挙される可能性もあると思います。

例えば、国が計画している武力行使計画、それこそ生々しい話で言えば、間もなく北朝鮮の核基地に対してミサイル攻撃を行うという計画がアメリカと日本・韓国の間で行われているかもしれません。そういうことを防衛大臣の自宅を襲ってでもインタビューして聞き出そうというようなことを記者がやろうとしたとします。このような取材の計画自体が秘密保護法違反、特定秘密取得罪や組織的強要罪の共謀罪ということになりかねません。秘密保護法違反の共謀罪は二〇一三年に特定秘密保護法を作ったときに先行して入れられていました。だからこういう事件の検挙が現実に起こる可能性があると思います。

今回の法案の中に偽証罪の共謀罪ができました。偽証罪の共謀罪といえば、裁判で嘘をつくことを共謀するなんてとんでもないことだから、取り締まるのは当然と皆さんは思われるかも知れません。しかし、冤罪事件の場合を考えて欲しいんです。冤罪事件というのはなぜ起きるかというと、本人が嘘の自白をさせられたり、本人以外の第三者が検事や警察に言われて嘘を言ってしまうということで冤罪になることがあるわけです。

分かりやすい例で言うと、厚生労働省の村木局長事件がありました。村木さんは何故無罪になれたのか。実は、彼女の上司と部下が捜査段階で無理矢理取られた自白を法廷で撤回したのです。そして彼女は全然そういうことを命じてもいないし、私も命じられたことはないと部下が法廷で証言してくれました。そしてその証言が正しいと裁判所が認定し、無罪になったのです。しかし、検察官は、この上司と部下の証言は嘘だと最後まで言ったわけです。検察官は人を逮捕する権限を持っています。弘中惇一郎弁護士が村木さんの上司と部下に「どうか本当のことを言ってくれ」「村木さんの冤罪を晴らすために本当のことを言ってくれ」と依頼し、「分かりました」となって、証言が実現したわけです。

ところが、これを検察官の側から見れば偽証の共謀に見えるわけです。いくらなんでもそこまでしないでしょ、と皆さんは思われるかもしれません。しかし、日本の刑事裁判の過去には、冤罪事件で被告人のために証言した人が偽証罪に問われたケースが現実にあるのです。八海事件でもそういう偽証に問われた証人がいます。甲山事件という事件でも園児を殺害したとされた保母の同僚と上司の二人の証人が、被告人の無実を裏付ける証言をしたことに対して、証人二人が逮捕され、最後無罪にはなったんですが、大変な苦難をなめたという事件があります。日本の検察官は、ときにはそういう恐ろしいことをやる人たちなんです。

ですから、偽証の共謀罪ができてしまった今、法廷で証言してそれが本当かどうかは後から客観的に真実に沿うかを判断するんじゃなくて、検察官がこの人は偽証しようとしていると判断すれば、弁護士に依頼され証言しようとしている人を、証言前に捕まえることすら可能になったのです。こんなことが起きれば、冤罪なんて晴らせなくなるし、そもそも被告人のために証言する人がいなくなるかもしれません。

Q6　共謀罪の立法化はなぜ提案されたのか？

政府・法務省は、これまで共謀罪法案は経済的な越境組織犯罪対策のための国連越境組織犯罪防止条約（二〇〇〇年採択）を批准するためであると説明していました。法制審議会で、法務省は国内に立法事実（このような処罰規定を必要とする状況）はないとも説明していました。

政府は、今回の国会への提案では、オリンピックにおけるテロ対策のために必要不可欠な法律だと説明しています。法案の立法理由そのものに大きな混乱があったのです。

まず国連越境組織犯罪防止条約はテロ防止目的の条約ではないことを確認する必要があります。同条約は、「金銭的利益その他の物質的利益を直接又は間接に得るため」（五条）のマフィアなどの越境的犯罪集団の犯罪を防止するための条約です。そのことは、条約の明文だけでなく、国連の立法ガイドで「目標が純粋に非物質的利益にあるテロリストグループや暴動グループは原則として組織的な犯罪集団に含まれない」と明記されていることからも明らかです（二六項）。

この条約は確かに世界一八七カ国がすでに批准していました。法成立後に、日本は一八八番目の批准国となりました。しかし、日本政府が立法したような広範な共謀罪を制定したことが明らかになっている国はノルウェーとブルガリアしかありません。政府の説明には、大きな疑問が残されているのです。

Q7　国連越境組織犯罪防止条約とはどのような条約ですか？

一九九七年十二月十二日国連総会は一九九七年四月にイタリアのパレルモで、フォンダジオネ・ジョバンニ・イ・フランチェスカ・ファルコーネ（一九九二年にイタリア・マフィアによって暗殺されたファルコーネ予審判事に因んだ財団）によって組織された越境的な組織犯罪防止のための条約起草に関する非公式会合の報告書に注目する（took note）ことを表明しました。一九九八年四月に開催された国連犯罪防止刑事司法委員会第七回セッションは、ナポリ政治宣言と組織的越境犯罪に反対するグローバル・アクション・プランの実施に関して会期内のワーキンググループを組織しました。このセッションの決議に基づいて、「議長の友人」と呼ばれる専門家の非公式グループが結成され、この第一回の会合は一九九八年七月にローマで開催され、八月から九月にブエノスアイレスで開催された第二回の非公式の準備会合において、条約作成のタイムテーブルが定められ、二〇〇〇年末までに条約案を採択することが承認されました。第三回の非公式会合は一九九八年十一月にウィーンで開催され、この場で起草特別委員会の第一回会合の議題の整理が行われました。条約の骨格は非公式会合で決められたのです。

国連総会は一九九八年十二月九日、犯罪防止刑事司法委員会と社会経済理事会の勧告を受けて、国際的な組織犯罪防止のための包括的な条約を起草するための開放型の政府間特別委員会の設立を決定しました。国連総会のもとに置かれた「越境組織犯罪防止条約起草のためのアド・ホック委員会」において、一九九九年一月から起草作業がはじまりました。委員会は一一回の審議の後に条約案をまとめ、「越境組織犯罪防止条約」は二〇〇〇年十二月に国連総会で採択され、日本政府はマフィアの本拠地シチリア島のパレルモで開催された署名式で、これに署名しました。この条約が別名パレルモ条約と呼ばれるのは、この条約の起草がパレルモに始まり、パレルモに終わったことに因んでのことです。

Q8　共謀罪ができたことで、市民活動にどのような監視がされることになるのか?

共謀罪法が成立したあと、全国の市民集会でこのような質問を受けることが多くなりました。ここでは、共謀罪法や警察の採用している監視捜査、さらには、第5章で詳しく述べるスノーデン氏が明らかにした世界監視システムの中で、政府の施策に疑問を持つ市民は、どのようなことに気をつけながら、どのような覚悟を持って活動を続けていったら良いのかについて考えてみたいと思います。

しかし、この問いに端的に答えることはほとんど不可能なのです。そもそも公安警察などの捜査機関が、どのような監視手段を持ち、それがどのように使われているかがよくわからないからです。特定秘密保護法では、防衛や外交と並んで、テロ対策やスパイ防止のための対策などの公安情報も特定秘密に指定されることとなりました。公安警察の活動そのものが、特定秘密保護法の保護の対象とされたのです。

共謀段階から犯罪が成立する共謀罪では、犯罪とされる行為の範囲が広がり、警察が犯罪として捜査対象とできる行為が拡大していることが問題です。「監視により捜査当局はどのような情報や証拠を探しているのか」と聞かれることがあります。

捜査機関は、捜査対象の団体内部の意見交換、活動の計画、あるいは何かをやろうとする相談の中から情報を取ろうとするでしょう。監視には、追跡や盗聴などの伝統的な手法も用いられているかもしれませんが、実際には、リアルタイムで追いかけて、私たちの会話を聞いているのではないと思います。ごっそりと集めた情報を検索に掛けて、ターゲットを絞ろうとするように捜査活動の内容は変化していると思います。

むしろ、犯罪があって、捜査がはじまるのではなく、監視対象の団体があり、監視の中で嫌疑を作り上げていくように、犯罪捜査が変貌していると考えられます。

Q9　二七七の対象犯罪のうち、市民団体の活動に特に影響を与えるものはなにか。

全国の集会でよく聞かれる質問がこれです。何よりも危険性が高いのは「組織的威力業務妨害の共謀罪」、「組織的強要の共謀罪」、「組織的信用毀損の共謀罪」の三つの共謀罪でしょう。私は、これらが超弩級の危険性の高い共謀罪であると今も思います。

威力業務妨害罪は、沖縄で山城博治さんを検挙した罪名ですが、マンション建設反対の市民運動が工事車両を止めたようなときにも使われてきました。大衆運動敵視の犯罪類型なのです。

強要罪は激しい交渉などにも適用されてきました。労働組合の団体交渉やＮＧＯの対政府・企業との交渉過程にも適用されてきました。

信用毀損罪は、名誉毀損罪に似ていますが、個人や法人の信用性を傷つけるような情報の拡散に直接適用できます。力を用いない言論活動のみで対象となる恐ろしい犯罪です。名誉毀損罪にあるような公益性のある場合には、真実であることを証明できれば罪とならないというような規定もありません。何らかの理由で労働組合や市民活動が特定の企業やその代表者を名指しして批判する活動が必要な場合もあります。信用毀損罪は、ほとんど適用例のない、珍しい犯罪ですが、潜在的には多くの適用対象行為が行われていると見られます。市民の表現の自由を侵害しかねない刑罰類型で、本来廃止すべき刑罰法令の一つであると思われますが、政府は、これを一九九九年に組織犯罪処罰法で厳罰化したうえに、共謀罪の適用対象とし、市民の強い批判を浴びても、決して削除しなかったのです。

二〇〇七年に共謀罪法案を検討した自民党小委員会において、これらの「組織的威力業務妨害の共謀罪」、「組織的強要の共謀罪」、「組織的信用毀損の共謀罪」が削除されていたことと考え合わせると、官邸や公安警察には、市民活動を共謀罪のターゲットしたいという意図があると見ざるを得ないのです。

それ以外にも、所得税法違反の共謀罪、テロ資金供与防止罪の共謀罪（戦災地の学校や病院の支援活動）、破産法違反の共謀罪、特許法・意匠法・著作権法違反の共謀罪、金融商品取引法違反の共謀罪など、拡大適用が懸念される共謀罪はたくさん数え上げることができます。

Q10　共謀罪が市民団体に適用されると、どのようなシナリオが起こりうるのか?

まず、任意捜査があるかもしれません。警察官が事務所を訪ねてきて、質問をしたり、あるいは時間を取って任意の取調をしたりすることもあります。

事前に何もなくて、突然「がさ入れ」（捜索押収）が行われるかもしれません。捜索押収では令状が示されます。令状については、犯罪事実と差し押さえ対象物件（日誌、メモなど）が明記されています。犯罪事実と関連すると考えられる物件が差し押さえの対象とされます。その事務所にいた人が、捜索押収に立ち会うことができます。びっくりしている状況の下では、簡単なことではありませんが、その物件は令状の対象の人間とは関係のない人の物であるとか、その物件は事件とは関連性がないなどと抗議して、捜索押収の範囲を限定させることが可能です。

被疑者が逮捕されると大変です。逮捕された被疑者は四八時間で身柄送検されます。その後二四時間以内に検事は勾留請求するかどうかを決めます。裁判官のもとに連れて行かれ、勾留質問があり、勾留するかどうかは裁判所の決定です。弁護人を依頼して、勾留がされないように、検察官や裁判官と交渉してもらうことができます。

逮捕の時点から取調が始まります。取調では黙秘権があります。また、取調については、最初からすべて録音・録画するように求めることができます。

共謀の事実の立証は密告や盗聴を除けば、取調が中心となるでしょう。刑事や検事が、被疑者に対して、「私はAさんと○○をすると、話し合い、合意しました」などと供述させようとするのです。被疑者には黙秘権があります。また、弁護人依頼権があります。知り合いの弁護士がいない場合は、弁護士会の当番弁護士を呼んでください。そして、少なくとも、弁護人と相談する前は絶対に黙秘してください。そのあとの取調にどのように対応するかは、その弁護士とよく相談して決めて下さい。

勾留期間は一〇日間ですが、延長も入れると二〇日ありますから、日本の捜査機関は、一つの事件について二三日間も取調ができるのです。これが、世界に悪名の高い「ダイヨーカンゴク」制度です。

世界標準では、警察での取調の期間は原則二四時間、どんなに長くても四八時間以内にせよと、自由権規約委員会は規約九条に関する「一般的意見」三五を示しています。ところが、日本では四八時間どころか、一つの事件について二三日間、別件逮捕・勾留を繰り返せば、一〇〇日以上も警察取調が続くことも珍しくないのです。このような異常な捜査実務が行われている国は、日本以外にはありません。今から三〇年くらい前までは、フィンランド、ハンガリー、イスラエル、韓国などに類似の例があると政府は説明していましたが、このような例外扱いは、国連の活動によって一掃されました。残っているのは、日本だけです。

暴力や脅しがなくても、どんなに精神力の強い被疑者でも、これだけ長い時間取調が続くと、警察の誘導するとおりにしゃべらされてしまうことは避けられません。長時間、長期間の取調こそが、嘘の自白を生み出す凶器であり、そのような警察拘禁制度を持つ国で、供述に頼って捜査せざるを得ない共謀罪が制定されたことが、著しく人権侵害の危険性を高めていると私は考えています。

勾留の最後に起訴・不起訴が決まります。欧米では、勾留の直後から保釈できます。日本では、軽罪であっても保釈は起訴後に限られ、被疑事実を認めていない場合には、第一回公判期日まで保釈しないというやり方が取られています。沖縄の山城博治平和運動センター議長が約五カ月間も勾留されたのは、まさにこのような例でした。痴漢えん罪事件などでは、被疑者がこのまま勾留されると会社を首になってしまうと思って認めてしまうことがあります。

2 今、私たちはどのように監視されているのか

——日本でも、捜査機関による捜査権限の濫用が表面化してきている

一　陸自情報保全隊事件

二〇〇四年一月に自衛隊がイラクに派遣されました。

二〇〇七年六月、日本共産党が自衛隊の陸自情報保全隊（その後、自衛隊情報保全隊に組織変更）が作成した内部文書（A４判一六六頁）を暴露しました。これらの内部文書には、二〇〇三年十一月から同二〇〇四年二月までの自衛隊のイラク派遣に反対する市民活動（市民集会、デモ行進等）、地方議会の動向、マスコミによる取材活動などが詳細に記載されていました。監視対象は、四一都道府県、二八九団体・個人に及びます。P（共産党）、S（社民党）、GL（民主党・連合系労組）、CV（その他の市民運動）、NL（新左翼）などに分類されていました。また、参加者の顔のわかる写真を撮影し、市民の居住先まで確認していたことがわかったのです。

実は、この中には、イラク派兵とは関係がない「医療費負担増の凍結・見直し」の街宣・署名活動、「〇四国民春闘」、「年金制度改悪反対」、「消費税増税反対」の街頭宣伝活動なども含まれており、この点は最高裁でも違法と判断されています。

東北六県の住民約一〇〇人が、このような情報収集は違法であるとして、仙台地裁に提訴しました。

弁護団の報告（十河弘弁護士「自衛隊情報保全隊による国民監視が続けられている！」法学館憲法研究所HPより）などによりますと、Aさんは、この訴訟に加わった原告の一人で、社会派のアマチュアシンガーソングライターです。反戦・平和の歌を作り、様々な集会やライブで歌い、CDなども出していた方です。二〇〇四年一月、日本の自衛隊が「人道復興支援」の名の下にイラクに派遣されましたが、Aさんは憲法違反の海外派兵を止めたいと考え、何か行動を起こしたいと考えました。Aさんは主に都市部で活動していたのですが、「匿名的な都市部ではなく、自分を知っている地元の人にこそ理解してもらうべきだ」と考え、勇気を出して地元生協の駐車場スペースを借りてアピール行動をすることにしました。

二〇〇三年十二月十五日、Aさんは友人のR氏を誘って、「S・T・イラクに自衛隊を行かせないライブ」（「S・T」はAさんの芸名）と手書きの看板を用意して、Aさんが歌を唄いながらR氏が署名を集めるという活動をしました。この活動が自衛隊情報保全隊によって監視され、記録されています。しかも、「『S・T・イラクに自衛隊を行かせないライブ』、『S・T』は同名の活動名」と最初は氏名が特定されない状態で記載されたのですが、その約一カ月後に作成された文書にはAさんの本名と勤務先まで記載されていました。Aさんは別に定職を持ち、芸能活動の場では本名を明らかにしたことはなかったのです。つまり、情報保全隊は約一カ月の時間をかけてAさんの本名と勤務先まで特定する調査活動をしていたことがわかったのです。

仙台地裁は、二〇一二年三月二十六日、自衛隊に関連しない情報収集の活動を違法とし、国に対してAさんに慰謝料一〇万円を、共産党の地方議員である原告ら四名には慰謝料五万円を支払うよう命じました。[注1] 仙台高裁は、二〇一六年二月二日、共産党の地方議員である原告らについては、情報の秘匿性が乏しいとして、請求を棄却しましたが、Aさんについては請求を認める判決を言い渡しました。[注2] 国はAさんについては、上告を断念し、その勝訴が確定し、損害賠償が支払われました。

二〇一六年十月二十六日には、最高裁第二小法廷（鬼丸かおる裁判長）は二十六日付で地方議員らの上告を棄却する決定を出しました。Aさんに対する行き過ぎた情報収集活動が、違法とされた意義は小さくありません。

二　ムスリム違法捜査事件

二〇一〇年には、公安警察が収集したと思われる、イスラム教徒の監視データが流出し、イスラム教のモスクへの出入りを監視する捜査がなされていることが判明しました。公安警察のモスク監視活動が、ウィニーソフトに感染したパソコンから流出し、市民に対する監視活動の氷山の一角が警察情報の漏えいというかたちで明らかになったという珍しいケースでした。

これに対して、一七人のイスラム教徒の原告たちが、国家賠償請求訴訟を提起しました。

二〇一四年一月十五日東京地方裁判所判決[注3]は、警察による情報漏えいについては責任を認めましたが、包括的な情報収集そのものの違法性を認めませんでした。

「日本国内において国際テロが発生する危険が十分に存在するという状況、ひとたび国際テロが発生した場合の被害の重大さ、その秘匿性に伴う早期発見ひいては発生防止の困難さに照らせば、本件モスク把握活動を含む本件の情報収集活動によってモスクに通う者の実態を把握することは、警察法二条一項により犯罪の予防をはじめとする公共の安全と秩序の維持を責務とされている警察にとって、国際テロの発生を未然に防止するために必要な活動であるというべきである」

「イスラム教における信仰内容それ自体の当否を問題視していることに由来するものではなく、イスラム教徒のうちのごく一部に存在するイスラム過激派によって国際テロが行われてきたことや、宗教施設においてイスラム過激派による勧誘等が行われたことがあったことといった歴史的事実に着眼して、イスラム過激派による国際テロを事前に察知してこれを未然に防ぐことにより、一般市民に被害が発生することを防止するという目的によるものであり、イスラム教徒の精神的・宗教的側面に容かいする意図によるものではないと認められる」

注１　判例時報二一四九号九九頁
注２　判例時報二二九三号一八頁
注３　判例時報二二一五号三〇頁

「記録に当たり、強制にわたるような行為がされていない」などと、情報収集の合法性を説明しています。

弁護団は、この事件を国際的な人権機関にも通報し、その違法性を明らかにしようとしました。その結果、国連自由権規約委員会は、情報収集そのものが自由権規約一七条のプライバシー侵害と二六条の平等原則違反であると勧告し、日本政府に対して、警察職員に、異文化への理解、及び人種的プロファイリングが許されないことについてのトレーニングを実施するよう要請するとともに、公権力の濫用により被害を受けた人々に対し救済手段へのアクセスを確保するように勧告しました。包括的な情報収集そのものが規約一七条などに違反することを指摘したものと評価することができます。

この判決については、双方の控訴を棄却する東京高裁判決が二〇一五年四月十五日に出されています。[注4] この高裁判決は、「本件個人データ（本件データのうち、一審原告らの個人情報に関する部分）を収集した当時の状況を踏まえてのものであり、本件情報収集活動が、実際にテロ防止目的にどの程度有効であるかは、それを継続する限り検討しなければならず、同様な情報収集活動であれば、以後も常に許容されると解されてはならない」と判示して、一定の歯止めを掛けようとしています。

しかし、「情報通信技術の発展に伴い情報のデータベース化等が可能となり、捜査機関による個人情報の収集の局面のみならず、保管、利用の局面において憲法上の問題として検討する必要があるという見解は傾聴に値する。しかし、本件情報収集活動は、もともと継続的に情報を収集し、それを分析、利用することを目的とするものであり、このような情報の継続的収集、保管、分析、利用を一体のものとみて、それによる個人の私生活上の自由への影響を前提として前記のとおり憲法適合性を判断したのであり、一審原告らの個人情報の保有等も憲法一三条等に違反しない」として、結局警察の情報収集活動に対する有効な歯止めとなる規範を生み出すことができていないのです。日本国内の司法機関と国際人権機関との考え方の間に大きな落差があることがわかります。

そして、このムスリム違法捜査事件は、情報収集活動の違法性を確定させることはできませんでしたが、デジタル時代の公安警察の捜査の実態を明らかにし、国際人権機関に国際人権法との適合性を問うことに成功した金字塔とも言うべき事件であったといえます。

三　大垣署事件

二〇一四年七月二十四日に朝日新聞が「岐阜県警が個人情報を漏洩」との記事を報じ、「岐阜県大垣市での風力発電施設建設をめぐり、同県大垣署が事業者の中部電力子会社に、反対

注4　ムスリム違法捜査弁護団 http://k-bengodan.jugem.jp/?eid= 五三

大垣警察を訴えた「もの言う」自由を守る会（HPより）

住民の過去の活動や関係のない市民活動家、法律事務所の実名を挙げ、連携を警戒するよう助言したうえ、学歴、または病歴、年齢など計六人の個人情報を漏らしていた」と報道しました。

朝日新聞の報道によって明らかになった大垣警察の情報収集活動、提供行為については、情報を収集された市民が、中部電力の子会社に対して証拠保全手続を行い、大垣警察との協議内容を記録した文書を入手しました。そこには、警察が、私企業の環境破壊をもたらす可能性のある事業活動に関して反対運動が起こることを警戒し、その私企業に対して警察が収集した反対住民の個人に関する情報を提供し、企業と協議、情報交換をしていたことが記されています。

この事件のポイントは、全く違法性のない市民の活動について公安警察が情報収集している実態が明らかになったこと、そして、このようにして集められた情報が警察機関と事業者との間で共有されていること、そして、その実態が明らかにされても、公安警察はその活動の合法性を主張し、一切の非を認めていないことです。

この事件については、監視の対象とされていた市民の手によって国家賠償訴訟が提起されており、このような捜査機関の活動にどこまで歯止めを掛ける司法判断が示されるかが、注目されています。

四 大分選挙事務所監視事件

一六年七月の参議院選挙で、大分の野党統一候補と社民党党首の選挙拠点である平和運動センター事務所の出入りを監視するため、警察が監視カメラを設置していたことが判明しました。実行警官らは書類送検されましたが、建造物侵入容疑で略式請求・罰金刑に終わっています。

警察は選挙違反の摘発目的としていますが、与党の選挙事務所には、このような監視はなされておらず、合理的な説明といえません。監視カメラの設置のために住居に侵入したことには不適切としつつ、この捜査を指示した警察官については、住居侵入を理由に、罰金刑に処せられただけで、情報を収集した捜査方法そのものについての処分は見送られているのです。今後は、きちんと監視のためのアパートなどを借りてそこから監視しますと言っているようなものです。

五　前川文部科学前次官に関するスキャンダル報道

学校法人「加計《かけ》学園」（岡山市）をめぐる問題で、安部総理大臣ら官邸幹部が、大学の認可について、特に便宜を図った可能性を指摘した、文部科学省・前事務次官の前川喜平氏（六二）が二〇一七年六月二十三日、東京・内幸町の日本記者クラブで記者会見して次のように話しました。

前川氏が「出会い系バー」に通っていた事実を報じた読売新聞の記事について「個人的には官邸の関与があったと考えている」と指摘しました。いわゆる「加計文書」をめぐって最初に取材を受けたのはＮＨＫだったが、その際の映像はいまだに放送されていないことも明かし、「国家権力とメディアの関係については、非常に不安を覚える」と述べています。

前川氏が官邸の「関与」を感じた理由は大きく二つあるといいます。ひとつが、「出会い系バー」通いについては、事務次官在職中に杉田和博官房副長官から注意を受けており、官邸がすでに事実関係を把握していたという点です。もうひとつが、読売新聞と官邸からのコンタクトが「連動していると感じた」点です。

前川氏によると、五月二十日、二十一日の二回にわたって読売新聞から取材を申し込まれたが、対応しなかったところ、五月二十一日には文科省の後輩にあたる幹部から「和泉さん

（和泉洋人首相補佐官）が話をしたいと言ったら、応じるつもりがあるか」と打診があり、「考えさせてほしい」と応じたきり放置したといいます。その結果読売新聞の報道がなされているのです。

この「出会い系バー」の記事が出た経緯については、「もしこういうことが私以外の人にも起きているとするならば、それは大変なこと。監視国家化とか警察国家化と言われるようなことが進行していく危険性があるのでは」と危機感をあらわにしたとされます（五月二十三日付けＪＣＡＳＴニュース）。

この読売新聞に対する情報リークが菅官房長官の指示によって北村滋内閣情報官と中村格《いたる》警察庁組織犯罪対策部長が流したものとも名指しされています（『週刊現代』六月十日号「『前川の乱』に激怒した安倍が使った秘密警察　安倍官邸と官僚トップが前代未聞の『暴露合戦』」）。

なお、同氏は「出会い系バー」通いの目的について、教育行政を担うものとして、若者の貧困の実態を知るためであったと説明していました。当初、この説明は、市民の理解を得られませんでしたが、当時「出会い系バー」で多数回同氏と会っていた当事者と言うべき若い女性が自発的に『週刊文春』の取材に応じ、同氏が性的な目的ではなく、女性とその家族を精神的にサポートしていたことを裏付けました。この『週刊文春』の奇跡的な名誉回復報道がなければ、前川氏は社会的に抹殺されていた可能性があります。まさに、公安警察は国家権力の番犬と言うよりも、安倍官邸の私兵と化しつつあるといえます。

六　官邸記者会見で官房長官を質問攻めにした望月衣塑子記者が監視対象に

安倍政権の一連のスキャンダルについて、官邸の記者クラブの記者たちはこれまで厳しく追及してきませんでした。六月に入り、東京新聞の社会部の望月衣塑子記者が、官房長官のはぐらかしの回答に対し、厳しく追及の質問を繰り返すようになりました。この記者に対して、菅官房長官は、警察に身辺を調査するように命じたことが、『週刊新潮』六月二十二日号に報道されました。この報道も驚くべき内容です。

官邸関係者の話として「菅さんが官邸スタッフに、警察組織を使って彼女の身辺調査をするよう命じました。というのも、以前から法務省関係者や警察官などに赤ワインを贈ることで食い込んでいるという噂があったので、そのネタ元をリストアップしろという指示です。さらに、取材用のハイヤーをプライベートで使っていたことはなかったかということまで調査対象になっている」と報道されています。望月記者は贈り物などしたことはないと否定しています。『週刊新潮』は日頃から、むしろ官邸や公安警察の内部情報にもとづく報道をくりかえしてきた報道機関であり、皮肉な言い方ですが、内容には信頼性があるといえます。明らかに時の政治権力によって、公安警察の捜査権限が私的な目的で、恣意的に濫用されている疑いがあるのです。このような官邸と秘密警察の暴走にどのようにして歯止めを掛けるかは、日本の民主主義政治の重要課題となったのです。

3
共謀罪は廃止しなければならない

はじめに

共謀罪法案に対する反対運動は、日本全国に大きく広がりました。おびただしい数の市民集会、デモ、街頭宣伝、国会周辺では連日の座り込みや昼夜の共同行動が行われました。国会内では四野党（民進党・共産党・自由党・社民党）と一会派（沖縄の風）が結束して反対のために闘いました。

法律家も立ち上がり、日弁連及び五二の単位弁護士会の全てが共謀罪に反対する声明を発しました。多数の刑事法・憲法学者、広範な研究者、作家、ジャーナリスト、マスメディアが反対の意見を表明し、論陣を張りました。世論調査では反対が賛成を上回り、慎重審議を求める世論はほとんどの世論調査で七割を超える圧倒的な多数を占めました。

しかし、政府は、この国民的反対を無視して法案成立を強行し、法は、七月十一日に施行されました。今後、この法律が広範に濫用されれば、市民のプライバシーは監視下に置かれ、その表現の自由は、萎縮させられることでしょう。

私たちは、共謀罪廃止を目標に広範な運動の構築をめざし、共謀罪廃止を共同の目標として、八月に新たにアムネスティやグリーンピース、自由人権協会なども参加して「共謀罪廃止のための連絡会」を結成しました。そして、この法律が実効化されることを防ぎ、速やかに廃止するための運動の今後の課題を検討してみたいと思います。

一　反対運動の到達点と反省すべき点

1　私たちは、非常に大きな反対の市民の声を作り上げることに成功した

(1)　これまでの反対運動の蓄積を活かし、速やかに反対運動を立ち上げた

政府の新法案提出の報道（二〇一六年八月二十六日朝日新聞）を受けて、私たちは、速やかに反対運動を組織し、その「運動化」に成功したと評価できるでしょう。秘密保護法の廃止のための運動が初期の反対の動きの核となりました。

国連越境組織犯罪防止条約の起草過程にさかのぼる日弁連の情報や過去の二〇〇五／六年当時の国会審議の蓄積を活かして、反対運動に切れ目がでないようにすることができました。「共謀罪ＮＯ実行委員会」と「戦争させない・９条壊すな総がかり行動実行委員会」の協同を重視したことで、全国的な超党派の反対運動の展開ができました。各地で開催された野党共闘の枠組みでの講演会には多くの市民が参加し、どこも満員で人があふれました。五・三一日比谷野音集会実行委員会は二団体だけでなく、多くの市民団体にも実行委員会に参加してもらい、一回り大きな反対運動の連携が実現できました。

しかし、一般市民や若者から見ると、これらの運動は労働組合などに組織されたもののように見え、入りにくい雰囲気があったかもしれません。「未来のための公共」の若者たちが展開した行動との連携はもっと積極的に取り組むべきだったと思います。この点は今後の課題を残したといえますが、法成立後の廃止運動においては、法成立以前にも増して連携の範囲が拡がっていることは、いったん成立した法律の廃止を求める運動の輪が拡がるということは珍しく、うれしい限りです。

(2) ステイクホールダーの明確な反対の意思が持続できた

二〇〇三年の共謀罪法案の提案以来、日弁連は一貫して反対の意思を明確にして闘うことができました。共謀罪対策本部が作られていたことが幸いしたといえます。五月十八日にイイノホールを満員にした各界の著名人を集めたシンポジウムや六月九日のカナタチ氏とスカイプで結んで開催できたシンポジウムなどは、反対運動の枠を広げるうえでも、大きな役割を果たしたといえるでしょう。野党四党と一会派の反対の姿勢は揺るぎのないものにできました。足並みの乱れもなかったといえます。

有力な刑事法学者やその他の専門の研究者が反対の姿勢を明確にして、声明を発してくれました。京都大学の高山佳奈子先生の八面六臂の活躍にはすばらしいものがありました。

(3) 多くのメディアとジャーナリストが大きな反対の論陣を作った

読売新聞と産経新聞を除くとほとんどのメディアが批判的報道を展開してくれました。東京新聞と朝日新聞のがんばりはメディア全体を牽引し、特筆すべきものであったといえます。テレビメディアは不活発ではありましたが、テレ朝とＴＢＳなど一部には見るべき報道が見られました。ＮＨＫも不満はありましたが、反対の動きを伝えてはくれました。ペンクラブや著名なキャスターやジャーナリストの皆さんが発せられた声明には大きなインパクトがあったと思います。

(4) 反対の市民活動

特定の刑事立法に対する反対運動としては、空前の規模の反対運動を国会周辺に作り出すことができたと思います。このことにより、人々に悪法が成立したという明確な記憶が残ったといえます。そして、安倍政権の行った一連の悪事のひとつとして、この反対運動は語り伝えられる伝説となるでしょう。このことこそが、共謀罪が真の悪法となることを食い止める市民の力の源泉です。

(5) 反対の論理の切り口を多面的に提供した。

私たちは、法案に反対するたくさんの切り口を用意し、市民に提供しました。

①条約批准のため、法案は必要ないことの論証
②法案はテロ対策ではないことの論証
③政府法案の修正が濫用防止につながらないことの論証
④普通の市民活動が適用の対象とされる可能性があること
⑤治安維持法と共謀罪法の制定時における説明の共通点
⑥スノーデン告発と監視の強まり
⑦通信傍受捜査拡大への危惧
⑧カナタチ特別報告者の指摘した、プライバシー保護のための措置

本書の別のところで、これらの問題はもう少し掘り下げて検討することとします。

2　私たちの反対運動の反省すべき点

(1)　反対の論理の構築の困難さ

ここで、うまくいった点だけでなく、反省すべき点も取り上げておきましょう。次に控える憲法九条改悪反対の闘いの教訓となるかもしれませんから。

共謀罪問題は約二十年間にも及ぶ、歴史的な経過の長い、難しい問題であり、刑事法規と国連条約の複雑に入り組んだ問題でもありました。一般の市民にわかりやすく問題点を説明することがとても難しかったのです。しかし、このようなハンディを乗り越えるために、実

共謀罪法案に反対する市民集会（2017 年 4 月 6 日。日比谷野外音楽堂で。共謀罪 NO ！実行委員会 HP より）

行委員会の出版した簡潔なリーフレットは大きな役割を果たしたといえます。

(2) 国会内の闘い

野党議員の質問や参考人公述などを通じて法案の問題点が広まっていきました。審議録の朗読の会など市民の運動との連携も図られました。国会での法務大臣の迷答弁を朗読する試みなども、自然発生的に拡がりましたが、この問題をわかりやすく広める上で、斬新な取り組みだったと思います。

(3) 日弁連

日弁連は反対の姿勢は明確でしたが、戦争法反対の活動で日弁連がはたしたような、活動の核となるような取り組みは、残念ながらできませんでした。その理由は複雑です。日弁連内に公然たる法案推進派が登場したことも、日弁連の活動に対するブレーキとなったと思われます。産経新聞が日弁連の活動を批判するキャンペーンを繰り広げたことも影響したかもしれません。地方では、戦争法の時と同じように、市民と一体の幅広い活動が弁護士会を軸に取り組まれた京都、兵庫、札幌、埼玉などの先進地域もあったことをここで指摘しておきたいと思います。

日弁連が東京では中心的に活動できなかった部分は、法律家八団体の連絡会が埋めてくれました。法案の審議で論点を深める点でも、運動を広げる点でも法律家八団体連絡会の果たした役割はとても大きかったといえます。

(4) 大衆運動の規模

四月六日の日比谷野音集会では三七〇〇人、五月十六日の野音集会は四二〇〇人、衆院の法務委員会で強行採決が行われた五月十九日は昼一三〇〇人、夜九〇〇〇人、五月三十一日の野音集会は五〇〇〇人を超えました。

最終段階でも、沖縄の課題と協同した六月十日の行動の際に一万八〇〇〇人が集まりましたが、戦争法のときの最終盤での数万人というもう一回りの拡がりは実現できませんでした。戦争と平和という問題がわかりやすいのに比べて、抽象的な刑事法の賛否という問題は理解しにくく、刑事法の反対運動を作るためには、学習が不可欠で、高い障壁がありました。ですから、その中では大きな拡がりを作ることができたといえるでしょうし、もし、政府によって中間報告という奇策がとられていなければ、法案成立の局面となったはずの六月十五、十六日の夜には数万人の大行動になった可能性もあると私は思っています。むしろ、そのことを恐れたために、中間報告、委員会採決抜きという異例なやり方が採用されたとみることができます。

また、刑事法に対する反対運動としては、二〇一三年十一～十二月の過去の秘密保護法を上回る規模の反対運動を作り上げることに成功したといえると思います。

二　共謀罪法はなぜ廃止しなければならないか

1　審議手続きの国会法五六条の三違反

共謀罪法案（組織犯罪処罰法改正案）については、衆議院法務委員会ではわずか三〇時間の議論で強行採決され、参議院法務委員会に至ってはわずか一七時間五〇分しか議論されていません。

参議院法務委員会では、委員会採決手続すら行われておらず、二〇一七年六月十五日午前七時四六分の参議院本会議における「中間報告」（国会法五六条の三）により法務委員会の採決が省略され、共謀罪法案の採決が強行されたのでした。

この「中間報告」について、国会法五六条の三は、「特に必要があるとき」に各議院が中間報告を求め、さらに「特に緊急の必要を要すると認めたとき」に「委員会の審査に期限」を附けるか、議院の会議（本会議のこと）において審議することができると定めています。本法案については、法案を一刻も早く成立させなければ、国民生活に重大な支障が生ずるような事情はなく、国会法五六条の三に反する疑いがあります。

さらに、「中間報告」は前日に提案するのが通例ですが、今回、連立与党は十四日朝に突然、「中間報告」手続きを野党に提案しました。このような法案採決手続はまことに異例であり、国会内での十分な議論はもとより、市民社会との対話を尽くしたとは到底評価できません。「究極の強行採決」であったといわざるをえません。

2　法の定める構成要件が、「刑罰法規の明確性の原則」に反している

共謀罪の基本的な問題は第1章でおさらいしましたが、ここでは、政府の説明に触れて、濫用の危険があるかどうか考えて見たいと思います。新法案を二〇〇三年の政府原案と比較すると、適用対象を「団体」とされていたものを「組織的な犯罪集団の活動」とし、団体のうち、その結合関係の基礎としての共同の目的が一定の罪等を実行することにある団体をいうと定義されました。

また、犯罪の「遂行を二人以上で計画した者」を、「その計画をした者のいずれかによりその計画に基づき資金又は物品の手配、関係場所の下見その他の計画をした犯罪を実行するための準備行為が行われたとき」に処罰するとしました。

しかし、これらの修正は二〇〇六年には、既に与党案に盛り込まれていたものです。これを事新しく法案を修正したように説明した政府の説明は、誠実な説明であったとはいえません。

共謀罪法のこのような主要な構成要件である「組織的犯罪集団」、「計画」、及び「準備行為」が、いずれも、刑罰法規に求められる明確性に欠けており、著しくあいまいです。これらは、憲法三一条の定める刑事手続きにおける適正手続きの保障、憲法二一条が保障する表現の自由の保障に反するといわざるをえません。

また、恣意的拘禁を禁止する自由権規約九条、公正な裁判を受ける権利を保障する自由権規約一四条から導かれる罪刑法定主義の派生原理でもある「刑罰法規の明確性の原則」に反するものです。

3 法案の修正によって濫用の危険性が除かれていない

(1) はじめに

政府は、「今回の法案は二〇〇三年の法案と比べて、大きく修正し、濫用の危険のないものとした」と説明していました。しかし、このような説明は事実とは言えません。政府は、組織犯罪集団の関与を要件としたこと、準備行為を要件としたこと、適用対象犯罪を六七六から二七七（衆院事務局の調査によれば、以前の政府のカウント方法では三一六）に減らしたことを根拠としているのです。

法の全文は巻末に資料として採録しました。第1章で基本的なことは説明しましたが、とても読みにくい悪文です。細かく説明していくことにしましょう。

(2) 組織犯罪集団の関与

まず、政府は、「組織犯罪集団の関与について要件に盛り込んだので、恣意的な適用はされない」と説明しています。しかし、組織犯罪集団の定義を見ると、「その結合関係の基礎としての共同の目的が別表第三に掲げる罪を実行することにあるもの」とされております。

政府は、結合関係の基礎としての共同の目的によって、対象団体は絞り込めると説明しました。しかし、条約五条が明確に認めていた「金銭的利益その他の物質的利益を得ることに直接又は間接に関連する目的」を欠落させています。この点は、法案をテロ対策と位置づけたこととも関連しています。ある団体が目的犯罪を実行することを共同の目的とすれば、その目的が「結合関係の基礎」としてのものであるかの議論はできるとしても、結局、犯罪を合意したのだから、それまでの団体の目的は「隠れ蓑」であり、それが結合関係の基礎としての目的とされ、組織犯罪集団として認定される可能性があるのです。

金田法務大臣も、当初は、「普通の会社や市民団体には適用しない」と述べていたのに、途中から「過去に一度も犯罪履歴がなくても、団体の性格が一変すれば、組織犯罪集団となり得る」、「人権団体や環境団体も、掲げられた目的が隠れ蓑なら、組織犯罪集団と認定できる」と説明を変えました。

そして、審議の終盤では、「組織犯罪集団の組織メンバーでなくても、その周辺者も捜査の対象となる」などと答弁するようになりました。

法の制定後、発出された法務省刑事局長依命通知では、「結合関係の基礎としての共同の目的」は、「共同の目的」と同義だと説明しています。法が成立してしまった現段階では、政府が国会答弁において明らかにした見解などを根拠に、適用対象をできる限り限定させるための努力が必要ですが、このような定義規定の下で、法の適用対象がどこまで限定できるか、私には疑問です。

(3) 準備行為の内容と位置づけは不明確

準備行為が要件とされましたが、これは合意のあったことの証拠が必要だと考えられているものであり、予備罪のように準備行為自体が危険な行為であることは必要ないと説明されてきました。また、準備行為と言っても、ＡＴＭからの出金や第三者に声を掛けるような極ありふれた日常的行為でよいのです。

政府は、今年（二〇一七年）一月の予算委員会の審議では、「準備行為がなければ、逮捕勾留できない」と説明していましたが、四月二十一日の法案審議では、「準備行為がなくても、任意捜査は可能である」と答弁しました。法成立後に示された法務省刑事局長依命通知では、あらためて準備行為は構成要件であるとされました。しかし、法条の構造から、この要件は処罰条件とみるしかないという意見が刑事法学者の見解の中では多いのです（高山佳奈子京都大学教授や松宮孝明立命館大学教授〔『共謀罪を問う』法律文化社、二〇一七年、三五頁〕ら）。構成要件だとすれば、これらの事実の存在が逮捕や勾留の前提となるわけですが、処罰条件だとすると、逮捕や勾留のためには、その証明は必要なく、判決までに何らかの証拠があればよいことになります。このような刑事法専門家の見解は無視できません。法律の解釈は最終的には裁判所が決めるものだからです。

はたして、準備行為は犯罪の構成要件なのか、それとも処罰条件なのか。この点は、法成立後の現時点においても、なおあいまいなままであり、やはり、この犯罪の本質は計画＝共謀の処罰であると言わざるをえないのではないでしょうか。

準備行為を法の適用範囲を限定するために有効な概念としていくことは容易ではないでしょう。しかし、日本では未然に防ぐ必要のある重大な犯罪については、予備罪での対応を基本としてきたのです。今後は、共謀罪方式をやめさせ、予備罪による法の抜本的な修正提案を含めて、対象行為をできる限り限定させるための努力を続けていく必要があると考えます。

4　二〇一七年法案はかえって二〇〇六／七年段階より後退していた

(1)　必要的減免規定の復活など

今回自民党と公明党との協議にもとづいて提案された修正点は実は、二〇〇六、二〇〇七年に与党、自民党が作っていた修正案にはすべて盛り込まれていたことを繰り返し指摘してきました。

そして、二〇〇六年の与党修正案で任意的減免規定に修正されていた「自首の必要的減免規定」が、国会提出時の法案では完全に復活し、そのまま成立してしまいました。共謀罪は共謀が成立した段階で取り消すことができなくなり、仮に計画を取りやめたとしても、処罰は免れません。警察に密告する以外に逃れるすべはないのです。

また、この与党修正案には「準備行為が逮捕勾留のために必要である」との修正規定がありました。しかし、今回の法案から削除され、そのまま成立してしまいました。法務省の説明では、準備行為は構成要件と言うことですから、準備行為は逮捕勾留のために必要です。しかし、多くの刑法学者は、今のままの法の文言では構成要件と解釈することは困難だと述べています。法の廃止は政権交代を待たなければならないとしても、更なる批判を強め、自公政権のもとにおいても、すくなくとも、これらの条項は、二〇〇六年の与党修正案の内容に戻させたいと思います。

(2) 本犯と共謀罪の二重処罰禁止規定の消滅

アメリカの共謀罪制度は、本犯と共謀罪を二重に処罰できる仕組みになっています。日本で殺人罪の無罪判決が確定していた三浦和義さんがサイパンで逮捕されたのは殺人罪の共謀罪の容疑でした。共謀罪は二重処罰禁止の例外とされているのです。二〇〇六年六月一日に衆院法務委員会石原伸晃委員長がまとめた、「組織的な犯罪の共謀罪に関する修正について」では「共謀の後、共謀の目的とする対象犯罪が成立するに至ったときは、共謀罪は対象犯罪に吸収されることを法律上明確にすること」が合意されましたが、これも今回成立した共謀罪法では対応がなされていません（平岡秀夫ほか『新共謀罪の恐怖』緑風出版、二〇一七年、一三四頁）。

法成立後に示された法務省刑事局長依命通知では、共謀の後、共謀の目的とする対象犯罪が成立するに至ったときは、共謀罪は対象犯罪に吸収されるとされています。法文上は明確ではありませんが、政府がこのように約束した以上、このような運用を厳守させることが必要だと思います。

(3) 自民党が一度は丸呑みするとした民主党修正案の内容

政府は、「民主党は過去には修正案を提案していた」と批判していました。しかし、二〇〇六年六月一日に、与党が丸呑みすると提案した民主党修正案をもう一度見てみる必要があります。

ここでは、対象犯罪は越境性を帯びるものに限定されていました。つまり、犯罪が国境を越えて行われる場合に共謀罪は限定すべきだとしていたのです。条約には越境性の詳細な定義規定もあります（国連越境組織犯罪防止条約三条二項）[注1]。これは、条約三四条二項に付された解釈ノートによって認められている措置です。

対象犯罪は、「長期五年超の懲役又は禁錮以上の罪」とされて約三〇〇に限定され、それによって、今回の法案審議で対象犯罪の是非が問題となった「組織的威力業務妨害」、「組織的強要罪」、「組織的信用棄損罪」等（いずれも、長期五年以下の懲役）は除かれていました。「組織犯罪集団については、一定の罪を実行することを「主たる目的又は活動とする団体」と限定されていました。これは、ノルウェーの立法例にならったものです。このような限定をする改正を求めていくことも選択肢として検討する必要があるように思われます。また、行為そのものが具体的な危険性のある犯罪の予備行為を犯罪の成立要件としていました。

今国会でも、民進党は組織的詐欺罪と人身売買罪の予備罪を制定するという別案を提案しましたが、このような提案は、害も少なく、現実的な対案であったといえます。

二〇〇五年十月二十一日の衆院法務委員会で神余隆博外務省国際社会協力部長は「オバートアクトのかわりに予備行為を要求することが条約の趣旨に反するか否かといったことについては、確たる定義はない」と述べていました（平岡秀夫・海渡雄一『新共謀罪の恐怖』二五〇頁）。その後、民主党（当時）は、日本における組織犯罪対策の現状を検証すれば、条約の批准のために、このような過剰な立法はそもそも必要なく、条約の批准はできるとする意見に転じ、日弁連も、このような見解を繰り返し表明してきたのは事実です。その後、政府は、「計画段階で処罰を確保することが条約の要請であり、予備罪では足りない」と答弁を変えましたが、与党が一度はこのような民主党修正案を受け入れるとした歴史的な事実は、消すことができないはずです。

二〇一一年十一月七日には、当時の民主党政権のもとで、平岡法務大臣は、法務省の関係部局に対して（外務省の関係部局に対しては、法務省刑事局を通じて）、共謀罪に関する状況調査（条約交渉の経緯、条約締結に向けての各国の対応、「条約の留保」の可能性等）と、共謀罪創設問題に関する立法方針の検討を指示しました。

「『長期四年以上の懲役又は禁固の刑が定められている罪のうち、TOC条約の目的・趣旨に基づいて防止すべき罪に対して、既に当該罪について陰謀罪・共謀罪・予備罪・準備罪があるものを除き、予備罪・準備罪を創設する』ことには、どのような問題があるか。（国連への通報に示されているサウジアラビア、パナマのケースは、これと類似のケースのように思われる）」というものでした。法務省稲田刑事局長は、平成二十三年（二〇一一年）十一月九日、衆議院予算委員会審議において、石破自民党幹事長の質問に「平成十七年に提出した際の考

注1 「三 一の規定の適用上、次の場合には、犯罪は、性質上国際的である。
(a) 二以上の国において行われる場合
(b) 一の国において行われるものであるが、その準備、計画、指示又は統制の実質的な部分が他の国において行われる場合
(c) 一の国において行われるものであるが、二以上の国において犯罪活動を行う組織的な犯罪集団が関与する場合
(d) 一の国において行われるものであるが、他の国に実質的な影響を及ぼす場合」

え方というのは一方にあるわけでございますが、ただいま大臣からも御答弁がございましたようなことを踏まえて今後やっていかなければいけないというふうに考えているところでございます」と答弁しています。法務省は一度は少数の予備罪を制定して条約を批准する方向を検討していたのです。

(4) 自民党小委員会案では対象犯罪は一二八まで限定されていた

二〇〇六年の与党案は対象犯罪は三〇〇、二〇〇七年の自民党小委員会案では対象犯罪は一二八にまで絞られた案が示されていました。私は、それで良いとは考えませんが、政府与党の姿勢が、この当時よりもはるかに後退していることは指摘せざるを得ません。ここで、特に沖縄ですでに弾圧の道具に使われている威力業務妨害罪に注目したいと思います。一九九九年に制定された組織犯罪処罰法によって、組織的威力業務妨害罪、組織的強要罪、組織的信用毀損罪が作られ、法定刑が三年から五年に引き上げられました。そのために、これらの犯罪は、政府案によって共謀罪の対象犯罪とされました。

これらの犯罪は、もともと構成要件があいまいで、弾圧法規として使われてきたものです。これらの罪の共謀罪は労働運動や市民運動に対する一網打尽的な弾圧を可能にする点で、これだけで治安維持法に匹敵する危険性を持っているといえるのです。民主党（当時）の修正案や自民党の小委員会案では、これらの犯罪は共謀罪の対象から外されていました。

なぜ、このような濫用の危険が著しく大きく、未然防止の必要性の低い犯罪が適用対象として復活し、私たちの主張にもかかわらず、最後まで削除されなかったのか、政府に市民活動や労働組合活動に対する弾圧の意図があったのではないかと、疑わざるをえないのです。

これらの広範な犯罪化は、過度に広範な捜査活動によるプライバシーの権利（規約一七条）の侵害、市民活動（規約二一条等）に対する萎縮効果を生じる危険性が高いといえます。適用対象犯罪を限定することによって、確実に濫用の危険性を減らすことができます。このような努力も検討する必要があるでしょう。

5　別の選択肢があり得た

今国会において、民進党は、組織的詐欺罪と人身売買の罪のふたつの予備罪をつくるという別法案を五月に国会に提案しました。この案は、民主党政権時に平岡元法務大臣として法務省に指示した内容をベースにしたものでした。

日弁連として、このような対案をまとめたことはありませんでしたが、二〇一七年二月にまとめた意見書では、〈仮に我が国におけるテロ等対策について、上記（二）及び（三）で挙げた現行の立法では不十分である場合であっても、「未遂」の前段階の「予備」の段階で処罰する必要性のある犯罪行為、さらにその前の「陰謀」の段階、あるいは「準備」の段階での処罰が必要とされる犯罪行為をそれぞれ抽出した上で、処罰の対象行為を特定し、個別・

具体的に立法を検討することが可能である（その立法の過程において、立法の必要性、構成要件の明確性等について、審議される）。

もとより、この場合であっても、現行刑法の体系を大きく損なうことがないよう、「未遂」の処罰規定がない犯罪について、共謀罪を創設すべきではないし、共謀罪が処罰される犯罪の個数は、「未遂」が処罰される犯罪の個数を大幅に下回る必要があるであろう。共謀罪法案のように、長期四年以上の刑が定められた犯罪について、一律に、犯罪とする必要性はない。〉との意見をまとめていました。

私は、二〇一七年五月十六日の参考人意見公述では、民進党の提案は、合理的な提案であり、政府も前向きに検討するように意見を述べました。しかし、与党は、このような現実的な提案を全く取り上げませんでした。

6　共謀罪の捜査によるプライバシー侵害の危険性が著しく高まる

共謀罪法は処罰範囲が不明確な共謀段階での処罰規定が設けられ、対象犯罪が大幅に拡大されました。共謀罪法違反の罪に対する捜査は、共謀の事実を立証するために必然的に被疑者の通話やメール等を捜査対象とせざるを得ないものです。

今後、捜査機関は客観的な痕跡の残りにくい「共謀」の事実や、日常的な行為と区別がつきにくい「準備行為」を立証する目的で、過剰な捜査や恣意的な逮捕を行い、無理な取調によって証拠を得ようとする危険性があります。衆議院法務委員会での審議においても、計画(共謀)よりも前の段階から尾行や監視が可能となるとの見解が示されています。

さらに、その捜査手法として、通信傍受範囲を共謀罪にまで拡大することや会話傍受の新たな導入、官民の監視カメラ映像と顔認識機能の連動、さらにGPS位置情報の収集などの捜査手段が広く利用されるようになる可能性は高いと考えられます。既に、政府は、通信傍受法を改正し、共謀罪を通信傍受・盗聴の対象とすることについては、法務大臣が、国会答弁の中で、そのような措置の要否は今後の検討課題であると答弁しています。さらに、自首減免規定が存在するため、密告捜査や市民団体内部への捜査機関の投入捜査(覆面捜査官)などの捜査も駆使される可能性があります。政府は二〇一六年春に通信傍受の対象犯罪を拡大し、通信事業者の立ち会いを不要とする、通信傍受法の大拡大を内容とする刑事訴訟法の改正を行っています。このことの意味は、第4章で詳論します。

このように、共謀罪法の成立は、プライバシーの権利に対する侵害発生のリスクを高めるものですが、政府は、同法の改正ないしその他の法律により、このようなリスクを最小化し、プライバシーの権利の保障を厚くするような措置を全く講じていません。たとえば、プライバシーを侵害する可能性の高い捜査方法に対して厳格に令状主義を適用するための制度改正や、共謀罪の捜査を担当することになる公安警察・公安調査庁・自衛隊情報保全隊・内閣情報調査室・国家安全保障局を含む警察情報機関に対する独立した監視機関を設ける必要があると思います。この点についても、第4章で詳論したいと思います。そして、このような保障措置なしで制定された法はいったん廃止するしかないと考えます。

三　国際的にも国内的にも立法の必要性がなかった

1　TOC条約の目的はテロ対策ではない

政府は、共謀罪法案を「テロ等準備罪」と呼び、国際組織犯罪防止条約（TOC条約）を批准するためには共謀罪の創設が不可欠であり、同条約を批准しなければ東京オリンピックのテロ対策もできず、オリンピックの開催ができないなどと国会で答弁してきました。

しかし、日本政府は国連の主要一三テロ条約はすべて批准しており、TOC条約は経済的、物質的な利益を目的とする組織犯罪集団を取り締まることを目的とした条約であり（条約二条）、テロ防止を目的とするものではありません。

2　TOC条約五条が求めていた措置

条約五条は組織犯罪集団の関与が想定される重大犯罪について、未遂に至る前に処罰可能であることを加盟国に求めた規定です。

「条約五条は組織犯罪集団の関与が想定される重大犯罪について、未遂に至る前に処罰可能であることを加盟国に求めた規定です。

条約第五条1項（a）は、犯罪目的を認識して団体に参加する罪と共謀罪の二つの選択肢を設けていますが、これに括弧書きで（犯罪行為の未遂又は既遂に係る犯罪とは別個の犯罪とする）と注記されています。未遂に至る前の犯罪には共謀罪以外に予備罪も含まれます。日本では、未遂前の犯罪の処罰は予備罪を基本としてきたことを説明しました。条約三四条は、この条約は国内法の原則に従って実施すれば良いと定めているのですから、予備罪を拡大するという国内法化は当然許されるべきです」。

日本の刑法体系においては、共謀罪は、二七七種類もの犯罪について、日本刑法では例外中の例外とされる予備罪にも至らない、およそ法益侵害の危険性のない「計画」（共謀）の段階から処罰しようとするものであり、日本の既存の刑法体系とは一致しないことが明らかな法です。

条約審議以前に広範な共謀罪が制定されていた国は、イギリスとアメリカとカナダくらいです。そして、条約批准のために新たに広範な共謀罪を制定したのは、ノルウェーとブルガリアしか報告されていません。多くの国々は、それぞれの国内法をほとんど変えることなくTOC条約を批准しているのであり、日本も新たな共謀罪を制定することなくTOC条約を批准することは可能でした。

3　日本における組織犯罪対策は世界水準

日本には、テロや暴力犯罪など、人の命や自由を守るために未然に防がなくてはならない特に重大な犯罪約七〇については、共謀・陰謀罪が約二〇、予備・準備罪が約五〇あり、これにより、重大な組織犯罪とテロ犯罪の未遂以前の段階はおおむね処罰可能となっているといえます。

これ以外に、人を殺傷する犯罪の予備段階を独立罪とした銃砲刀剣所持取締法・凶器準備集合罪や、重大窃盗の予備段階を独立罪化したピッキング防止法などの犯罪規定もあります。このような既存の法制度の下で、法の定めるような広範な共謀罪を新設するべき必要性には多くの疑問が呈されています。

4　法はTOC条約が求めていた範囲をはるかに超えていた

仮に新たな共謀罪の制定自体は必要だとしても、共謀罪が対象としている二七七の犯罪には所得税法違反や著作権法違反、森林法違反など、テロとも組織犯罪とも無関係の犯罪が数多く含まれていることが指摘されてきました。このような立法はTOC条約が求めていた範囲をはるかに超えていたといえるのです。

最終的には条約本文に残されませんでしたが、条約に重大犯罪のリストを記載すべきであるとの意見が、二〇〇〇年の第一〇回の条約起草会合にアルジェリアやエジプト政府などから提案されていました。このリストは、かなり多くの国々の支持を集めました。ただ、ここにテロ関係の犯罪が含まれていたために、アメリカ、フランス、イギリス、ドイツ、日本など多くの国々から、条約目的に適合しないテロ犯罪を適用対象に入れることについて反対する意見が出され、合意に至らなかったのです。ただし、テロ関係以外の犯罪については、反対意見もなく、これにさらに追加を求める意見もありませんでした。

このリストは条約制定過程の公式記録[注2]にも掲載されており、この条約が未然に防止すべきと考えていた犯罪がどのようなものであったか、このリストに示されているといえます。

「アルジェリア、エジプト、インド、メキシコ、トルコは、国境を越えた組織犯罪に対する国連条約の附属書に含めるべき犯罪の指標リストを提案した。

1 麻薬や向精神薬の不正取引。

2 人、特に女性と子供の人身売買。

3 移住者の不法取引と移住。

4 通貨の偽造。

5 文化遺産の不正窃盗や窃盗

注2 https://www.unodc.org/unodc/en/treaties/CTOC/travaux-preparatoires.html

OECD 加盟国の国内法における国際組織犯罪防止条約に規定する「重大な犯罪」の数

平成２９年３月３日
外務省

１．「重大な犯罪」の数について，先方政府から回答が得られた国及びその数
エストニア：３８８
ハンガリー：１７８
スペイン：４６
スイス：約１００

２．「重大な犯罪」の数について，先方政府から「把握していない」旨回答があった国
オーストラリア，オーストリア，チェコ，フィンランド，フランス，ドイツ，アイスランド，イスラエル，イタリア，ラトビア，オランダ，ノルウェー，スロバキア，スウェーデン，トルコ，英国，米国

３．上記２の国を対象として，我が国の大使館において刑法（※特別法は除く。）についてのみ「重大な犯罪」の数を独自に集計した結果

オーストラリア：約３３０
オーストリア：少なくとも１２３
チェコ：１５７
フィンランド：７１
フランス：約２５０
ドイツ：約２９０
アイスランド：７０以上
イスラエル：２１８
イタリア：２２１
ラトビア：１９８
オランダ：約２１７
ノルウェー：１１９
スロバキア：１５２
スウェーデン：７７
トルコ：１０４
英国：少なくとも１８０
米国：７４０

（了）

外務省が作成した「外務省の調査による世界各国の条約に規定する重大犯罪数」という資料

6　核物質の不正使用や盗用、核兵器の使用または濫用の脅威。
7　関連国際条約に定義されているテロ行為。
8　銃器、弾薬、爆発物およびその他の関連するものの不正な製造および売買。
9　自動車、その部品および部品の不正販売または窃盗。
10　人間の器官および身体部分における不正な売買。
11　コンピュータおよびサイバー犯罪のすべての種類、およびコンピュータシステムおよび電子機器への不正アクセス、または電子的な資金送金を含む。
12　身代金のための誘拐を含む、誘拐。
13　生物及び遺伝物質の不正取引又は窃盗。
14　ゆすり。
15　金融機関に関する詐欺」（A/AC.254/5/Add.26）」

今回政府は長期四年以上の刑を定める六七六の犯罪から、二七七に対象犯罪を絞り込みました。しかし、組織犯罪集団の関与が想定される犯罪の絞り込みを行うとすれば、このリスト以外に、条約審議過程に裏付けられた有効な資料はないのです。そして、このリストの中で日本の現行法で予備段階の処罰ができていないのは、人身売買と金融機関に対する詐欺だけでした。法は明らかに過大な立法となっており、野党の民進党が国会に人身売買罪と組織的詐欺罪の予備罪を設ける対案を提案したことには、条約上の根拠があるのです。

外務省が作成した「外務省の調査による世界各国の条約に規定する重大犯罪数」という資料があります。あまり知られていない文書なので現物を貼り付けておきます。

これを見ると、スペインでは重大犯罪数はわずか四六、フィンランドでは七一で、日本で予備罪と共謀罪を合わせた七二という数字は、決して少ない数ではなかったことがわかります。民進党の予備罪を二つ新設するという提案は国際水準に合致したものでした。約三〇〇もの共謀罪を制定した法が如何に過大なものであったかが、わかっていただけると思います。

四　条約は、どのような制度の立法化を求めていたのか

条約五条は組織犯罪集団への参加罪か共謀罪のどちらかを加盟国に義務づけている規定です。これは、日本の法務省当局としては、実行することが容易ではないと考えられたのだと思います。日本政府は、条約制定経過のはじめの段階（第二回セッション）で、この条項に修正案を提案しています。この提案は、共謀罪の法ではなく、参加罪オプションについて、犯罪の意図を認識して、組織犯罪集団に参加することを処罰するように修正を求めたものです。その提案理由の中で、広範な参加罪と共謀罪の提案は日本の国内法の原則に反するとの意見を述べていたことは、何度も指摘してきたとおりです。私の推測では、この時点では、犯罪行為を認識しつつ、暴力団などに加入する行為の参加を罰する、限定参加罪をつく

り、条約を批准することを考えていたのだと思います。

ところが、日本政府の立場は二〇〇〇年一月の第七回条約起草会合において、現在の条約五条の案文について、日米カナダ間で、非公式協議をした後から変わってきます。この非公式協議の内容は今も明らかになっていません。今回の国会審議でも、この公電の黒塗りの部分は開示されないままとなりました。政府は国連からの要請で共謀罪の新設を行ったと説明してきましたが、この非公式協議の内容をひた隠しにしようとする姿勢からは、米国政府との間の何らかの密約の存在を疑わざるを得ません。情報公開文書では、この議論の際の三条（適用範囲）に関する公式会合における協議内容（番号二五〇号、WD二二八二四―〇二）とこれに引き続いて行われた二月十六日から十七日にかけての非公式会合の内容（番号二三三号WD二二七九六―一二）における議事の様子と日本政府の対応については、すべての公電が黒塗りとされ、完全不開示となっています。

私の推測は、この非公式協議の場で、日本政府の代表は、アメリカ政府から、日本がアメリカと同様の共謀罪を制定すれば、日米の捜査協力が進み、捜査情報の共有化が進むだろうという示唆を受けたのだと思います。スノーデン氏の説明にある秘密保護法の制定についてアメリカ政府がやったのと同様の働きかけがあったのではないかと思われるのです。そうでないというなら、政府は黒塗りの非公式協議の記録を今からでも開示するべきです。

日本政府は、二〇〇二年の法制審議会で、この法案の提案理由は条約の批准につきており、国内の犯罪状況にこのような法律を必要とする立法事実はないと認めていました。ところが、今回の提案では、オリンピック対策のために必要不可欠と説明しました。法が成立する前に早くも拡大適用が始まっているといえます。

国連の立法ガイドは、四三パラグラフで「各国の国内法の起草者は、単に条約テキストを翻訳したり、正確にことば通りに条約の文言を新しい法律案または法改正案に含めるように試みるより、むしろ条約の意味と精神に集中しなければならない」。「国内法の起草者は、新しい法が彼らの国内の法的な伝統、原則と基本法と一致するよう確実にしなければならない」と述べています。

この立法ガイドは、日本政府が一九九九年一月に提出した条約の修正案の提案理由説明に「(原案は) 英米法系あるいは大陸法系の法体系のいずれかに合致するものとして導入されるように考案されている。条約をさらに多くの国が受け入れられるようにするためには、世界各国の法体系が英米法、大陸法という二つのシステムに限定されていないことから、第三のオプション(選択肢ⅲ)、すなわち、『参加して行為する』ことを犯罪化するオプションを考慮に入れなければならない」とあることが取り入れられたものだと理解できます。

政府が、この法案制定の最後のよりどころとした、国連麻薬犯罪事務所(UNODC)から寄せられた日本政府の口上書に対する答弁においても、「犯罪の規定ぶりは、締約国の国内法に委ねられている。本条約の犯罪化の要求を満たすために国が定める国内法上の犯罪は、必要な行為が犯罪化される限り、本条約と全く同じ方法で規定される必要はない」と述べられています。組織犯罪集団が関与する重大な組織犯罪の未遂前の行為が何らかの形で犯罪化されれば、条約の実施上は問題はなかったのです。

日本政府の二〇〇三年法案が国連のガイドに沿っていなかったことは明らかです。実は、このガイドは二〇〇四年に出版されており、国内法制定の検討が開始されたのは二〇〇二年でした。国内法案の制定を急ぎすぎたため、このガイドを参照することができなかったのです。日本政府とりわけ外務省と法務省は、このボタンの掛け違いを認めて、民進党が提案したような、必要最小限の制度だけを作り、条約批准を目指す別の途をとるべきでした。そして、政府は長期四年の刑を定めるすべての犯罪の共謀罪の制定が条約批准のために不可欠という立場を放棄したのですから、どれだけの立法が必要なのかを、明確な基準を示して絞り込みの議論をしなければならなかったはずです。

五　秘密保護法は米国の指示によって作られた

ＮＳＡと包括的な協力関係を結んでいた国はオーストラリア、カナダ、ニュージーランド、イギリスです。限定的協力国は二〇カ国で、日本はこちらに分類されています。二〇カ国はグレン・グリーンウォルド著『暴露：スノーデンが私に託したファイル』（新潮社）の一八九

- **秘//国外配布禁止/20291123**
- **A層(包括的協力国)**　オーストラリア、カナダ、ニュージーランド、イギリス
- **B層(限定的協力国)**
- オーストリア、ベルギー、チェコ共和国、デンマーク、ドイツ、ギリシャ、ハンガリー、アイスランド、イタリア、日本、ルクセンブルグ、オランダ、ノルウェー、ポーランド、ポルトガル、韓国、スペイン、スウェーデン、スイス、トルコ
- 注　この文書はスノーデン公開文書で、グリーンウォルド著『暴露』189頁に掲載されているものである。

頁に掲載されています。

小笠原みどりさんの『スノーデン、監視社会の恐怖を語る独占インタビュー全記録』(毎日新聞出版)によると、スノーデン氏は次のように語ったといいます。

〈けれど、はっきり言えることは、彼らは何年もかけてファイブ・アイズという五カ国のネットワークを立ち上げ、スパイと司法上の抜け道のシステムをつくりあげた。次に同じことを他の国々にも輸出し始めたのです。もちろんそれは、一言一句米国の言ったとおりの法律を成立させるということではありません。法案は相手国が書き直せる。しかし過去の経験から言えば、我々が『これがあなた方の目指すべきものです』『これがあなた方のすべきことです』『必ずすべきです』と繰り返し言い続けると、相手国はやがて『確かにそうだ。自分たちはどうすべきだ』と刷り込まれる。これが、まさに日本の秘密保護法の背景で起きたことです」

瞬きもできず一言もない私を、スノーデンは説得にかかった。

ＮＳＡの承認ずみ シギント・パートナー一覧

・セカンドパーティ

オーストラリア、カナダ、ニュージーランド、イギリス

・サードパーティ

アルジェリア、オーストリア、ベルギー、*クロアチア*、チェコ共和国、デンマーク、*エチオピア*、*フィンランド*、*フランス*、ドイツ、ギリシャ、ハンガリー、*インド*、*イスラエル*、イタリア、日本、*マケドニア*、オランダ、ノルウェー、ポーランド、*ルーマニア*、*サウジアラビア*、*シンガポール*、韓国、スペイン、*台湾*、*タイ*、*チュニジア*、トルコ、UAE

・連合・多国間組織

AFSC（the Afgharistan SIGINT Coalition）/NATO（北大西洋条約機構）/SSEUR（SIGINT Seniors Europe）/SSPAC(the SIGINT Seniors Pacific)

引用者注　この文書は、前掲書の190頁に示されている原典を訳したものである。前のＢ層にあり、この表に欠けている国は、アイスランド、ルクセンブルグ、ポルトガル、スウェーデン、スイスである。前の表にない国はイタリック体とした。連合多国間組織のNATO以外の組織は特定の情報共有のための地域政府間機構であるが、実態はよくわからない。右上は、スノーデン公開文書の現物である。

「僕が日本にいたとき、横田基地のＮＳＡのビルには日本側のパートナーたちがよく訪ねて来ました。彼らは僕らの居場所を知っていて、それをまるで世界一の秘密のように扱っていた。というのも、我々がスパイ活動から得た情報を彼らと共有していたからです。日本の軍隊はこれこれの情報がほしいと我々に頼む。すると僕らはこう答える。『お探しの情報そのものは提供できません。あなた方の法律は私たちにとって望ましいかたちではないので。けれど、もう少し小粒の別の情報で役に立ちそうなものを差し上げましょう』。それは先方の顔を立てて、まあよしと思わせるためです。そしてその情報を棒にぶら下げたニンジン、つまりエサにして、続けます。『けれどももしあなた方が法律を変えたなら、もっと機密性の高い情報も共有できます。現在のシークレットからトップ・シークレットに機密レベルを引き上げることもできる』。それから『もちろん例外的存在ケースとしてトップ・シークレットを共有できる場合が今後あるかもしれませんが』とかなんとか断っておいて、最後に『けれど法律ができればこのプロセスを標準化できます』とダメ押しするのです。これが、あの法律の原動力となりました」

日本のNSA本部を頻繁に訪れる日本側の「パートナー」とは、自衛隊内の諜報機関を指すようだった。スノーデンによれば、日本は国家秘密の管理という点では他の国々に比べて情報の取り扱いがオープンな国と考えられてきた。だから米国はNSAの協力者として日本の諜報機関を取り込み、世界監視網を拡大すると同時に、自らを闇のなかで守るために秘密保護法を設けようとした。

「たとえばあなたのようなジャーナリストが政府の秘密を暴いたとしても、これまで極端に過酷な罰則はなかった。でも今回の秘密保護法で、国の秘密を漏らせば懲役一〇年の罰則になりませんでしたか?」私はスノーデンが日本の秘密保護法問題にここまで詳しいことに驚きながらうなずいた。[注3]〉

このスノーデン氏の言葉によって、秘密保護法の制定によって、日本の情報機関は包括協力関係すなわちB層からA層に近い地位への移行を米国に求めている可能性があることが裏付けられたといえます。世界監視システムのXkeyscoreの提供が二〇一三年であったことも偶然とは考えられません（Xkeyscoreについては、第5章で詳論します。）。

日本のNSCが、米国・英国の公安当局との間で「プリズム」情報や「SOO」によってNSAによって収集された情報などを共有する可能性があります。しかし、この点に関しては、共謀罪法案の国会審議で煮詰めるべきでしたが、ほとんどまともなやりとりにならず、すべてが秘密のベールに覆われ、私たち日本の市民には何もわからないままです。

しかし、それだからこそ、今後の日本における監視社会についての議論する際には、「プリズム」「SSO」「Xkeyscore」などの世界監視システムの存在を前提として、日本の情報機関がこのシステムとどのような関係を結んでいたかを究明することが、議論の前提とならなければならないことだけは確実であるといえるでしょう。

六　高まる市民運動・労働運動への弾圧の危険性と公安警察の権限の濫用

1　沖縄における基地反対運動への弾圧と共謀罪

対象犯罪二七七の中には、組織的威力業務妨害罪や組織的強要罪など、市民運動や労働運

注3　小笠原みどり前掲書九三～九五頁

動に適用される可能性の高い「犯罪」類型が含まれていることは繰り返し指摘してきました。法律成立前から威力業務妨害罪は現に沖縄の基地反対の市民活動に対する弾圧に既に利用されていたからです。

共謀罪の最大の問題は、このように政府に異をとなえる市民団体などの活動の処罰や、その前段階として情報収集・捜査の根拠とされ、市民のプライバシーの権利（規約一七条・憲法一三条）、内心の自由（規約一八条一項・憲法一九条）、表現の自由（規約一九条・憲法二一条）を侵害する危険が極めて高いことでした。

2　政府答弁においても、人権・環境団体への適用を肯定している

政府は、衆議院では、条文上の根拠が明確でないにもかかわらず、「組織的犯罪集団とは、テロリズム集団、暴力団、麻薬密売組織などに限られる」、「通常の団体に属し、通常の社会生活を送っている方々は処罰対象にならない」と繰り返し答弁してきました。

ところが、参議院では、政府は、「対外的には環境保護や人権保護を標榜していたとしても、それが言わば隠れみの」である団体は組織的犯罪集団となり得るとの重大な答弁変更を行い、また、組織的犯罪集団の「周辺者」も捜査対象となることを認めました。

条約の定める組織犯罪集団は、経済的・物質的な利益を追求する団体に限定されているのに対して、法はこのような限定をしていません。

このような答弁は、成立した共謀罪のもとでは、正当な目的をもつ団体であっても、警察がその目的を「隠れみの」であると考えれば、その団体や、構成員ないし「周辺者」とみなされた市民が日常的な警察の監視対象とされることを意味し、著しい人権侵害を引き起こす恐れがあると言わざるを得ません。私たちが、共謀罪の廃止を求める最大の根拠もここにあります。

3　警察情報機関に対する監督など、国連特別報告者の指摘に答えるべきである

(1)　カナタチ氏の日本政府に宛てた書簡

法案審議中の二〇一七年五月十八日、国連プライバシー権特別報告者ジョセフ・カナタチ氏は、共謀罪法案が「プライバシーに関する権利と表現の自由への過度の制限につながる可能性がある」との懸念を表明する書簡を安倍首相に送付しました。

この書簡における分析に、私たちは、強く同意します。

この書簡で、カナタチ氏は共謀罪法案について、「私は、何が『計画』や『準備行為』を構成するのかという点について曖昧な定義になっていること、および法案別表は明らかにテロリズムや組織犯罪とは無関係な過度に広範な犯罪を含んでいるために法が恣意的に適用される危険を懸念します」「法的明確性の原則は、刑事的責任が法律の明確かつ正確な規定により限定されなければならないことを求め、もって何が法律で禁止される行為なのかについ

て合理的に認識できるようにし、不必要に禁止される行為の範囲が広がらないようにしています」「現在の『共謀罪法案』は、抽象的かつ主観的な概念が極めて広く解釈され、法的な不透明性をもたらすことから、この原則に適合しているようには見えません」「プライバシーに関する権利は、この法律の幅広い適用の可能性によって特に影響を受けるように見えます」と法案の根本的な問題点を指摘しています。

さらに、共謀罪の制定が監視を強めることになることを指摘し、我が国の法制度において、プライバシーを守るための法的な仕組み、司法の厳しい監視、情報機関に対する監督措置などが想定されていないことが指摘されているのです。

(2) 政府は書簡に答えることなく、法を成立させた

政府は、この法案の中では共謀罪を通信傍受の対象としたり、室内の会話盗聴を制度化することは提案していませんでしたが、国会答弁においては、法務大臣は、共謀罪を傍受（盗聴）の対象とすることは、今後の検討の課題であると説明していました。

ところが、日本政府はこの書簡に対し、「強く抗議」し、法成立に至るまで、何ら中味に渡る回答をしないという恥ずべき態度をとりました。八月末には日本政府の回答が示されましたが、その内容は、特別報告者制度に対する日本政府の協力姿勢は不変である、カナタチ氏の疑問点は国会審議で説明が尽くされている、法の定めは明確で、濫用の恐れはない、法

には捜査の範囲を拡大する規定は含まれていないので、プライバシーの権利を侵害する恐れはないという、答えにならないひどい回答でした。法の定めが明確でないことは、本書で指摘してきたとおりですし、人のコミュニケーションだけで成立する共謀罪を捜査しようとすれば、プライバシー侵害の危険性を高めることは当然で、このような問題の存在そのものを否定する政府の回答は、真摯な対話の姿勢とはいえません。共謀罪対策弁護団は、政府の回答が不十分であることを指摘し、誠実な回答をするべきであると声明を発しました（九月十二日）。自由権規約一七条の保障を実現するためには、この、国連特別報告者カナタチ氏が提案した、プライバシー保護のための措置とりわけ、監視活動を行う警察等を監督する「第三者機関」の設置をめざすことが必要不可欠です。

七　共謀罪の廃止を求める運動の今後の課題

1　法の廃止を政治における現実的なテーマにしていく

(1)　法案の廃止を求める市民の意思を現実化する

私たちは、法が憲法・国際人権法に違反するものであることを明らかにし、現実に法案の廃止・修正を求めていきたいと思います。そのため、できる限り広範な市民の連携を実現し、法の廃止を政治における現実的なテーマにしていくことができるはずです。

若者たちで作る「未来のための公共」は、法の成立時に次の頁に掲載した声明を発表し、「私たちの未来は私たちで決めていきましょう」と呼びかけました。こんな悪法は廃止したいという市民の声を目に見える形で示すことが必要です。

(2) 共謀罪法廃止署名運動の展開と廃止法案の国会提出

そのための第一歩として、法の廃止署名を提起します。すでに、共謀罪NO！実行委員会と総がかり行動実行委員会が呼びかけた署名運動を通じて、この法律の悪法性を広く国民に知らせ、また国会議員に働きかけ、国会に共謀罪法の廃止法の国会提案を実現したいと思います。

このような法案の提案は、法適用のハードルをあげ、濫用しにくい環境を作り上げる意味でも重要な意味があると考えます。また、現実に政権交代が実現したときには、法の廃止を実現する担保ともなります。

さらに、この点は、運動内部でも、意見が分かれるかもしれませんが、私は、法の廃止そのものが実現できるまでの間においても、その濫用を防ぐための適用犯罪の限定や構成要件の厳格化、密告奨励規定の削除、二重処罰の禁止規定の導入など、これまでの与党案に含まれ、自公政権の枠組みの政権のもとでも安倍首相が交代すれば、実現可能な部分的な法修正

未来のための公共
@public4f

フォローする

未来のための公共ステートメント 馬場ゆきのさん
「私たちの未来は私たちで決めていきましょう。私たちは政治に関して未熟ではあるけれど、おかしいことにはおかしいと言うべきだと考え、国会前に足を運び、声をあげ、自分の言葉を紡いできました。一緒に政治を変えましょう。」
#国会前緊急大抗議

未来のための公共　6月15日　ツイッターより　未来のための公共ステートメント（馬場ゆきのさん）

のための提言も、我々の廃止を求めていく姿勢を明確にしつつ、聖域なく検討し、提言していく必要があるのではないかと考えています。

この点は、廃止を求める活動と両立しないという原則的な意見もあるかもしれませんが、そのことにより、少しでも、弾圧の危険性を減らすことができるなら、このような提案をためらうべきではないと考えるからです。今後討論していきたいと思います。

(3) 憲法・国際人権法違反の論理の緻密化

共謀罪法は、刑罰法規の明確性の原則に反し、広範に過ぎ、処罰範囲を不明確なものとし、被告人とされた者の防御を困難とします。共謀罪法は、日本の国内法の基本原則に反するだけでなく、自由権規約の公正な裁判を受ける権利を侵害する上に、その捜査のための広範な通信傍受などは、プライバシーの権利などを侵害し、表現活動に萎縮をもたらすものです。

共謀罪法は、公正な裁判を保障している国際人権規約一四条、プライバシーの権利を保障する規約一七条、思想・表現の自由を保障した一八、一九条に反する重大な疑いがあります。そして、適正な刑事手続きによらなければ刑罰を科せられないことを定めた憲法三一条、プライバシーの権利を保障する憲法一三条、思想・良心の自由を保障する憲法一九条、信教の自由を保障する憲法二〇条、表現の自由を保障した憲法二一条にも抵触する重大な疑いがあります。

私たち共謀罪NO!実行委員会は、二〇一七年七月には監獄人権センター、グリーンピース・ジャパン、ヒューマンライツ・ナウ、自由人権協会、人種差別撤廃ＮＧＯネットワーク（ＥＲＤネット）、メディア総合研究所、未来のための公共など合計一五の市民団体の共同名義で、自由権規約委員会に法の見直し勧告を求めるＮＧＯ共同レポートの提出を行いました。

２　共謀罪を通信傍受の対象とすることを阻止する

次に重要な活動目標は、共謀罪を通信傍受の対象とすることの阻止です。共謀罪は、通信傍受の拡大の措置がなければ、密告と別件逮捕・自白強要ぐらいしか、効果的な捜査方法がありません。

通信傍受の範囲の拡大を防ぐことはそもそも重要な課題ですが、とりわけ、共謀罪を通信傍受の対象にしない、会話傍受の制度そのものの導入に反対していくことが、この法律が濫用的に適用され、社会全体を監視社会化させてしまうことの防波堤となります。この点は、極めて重要な課題であり、今から取り組みを始める必要があります。

３　プライバシー保護の法制度・情報機関に対する監督機関の設立を求めていく

また、通信傍受に至らない、ＧＰＳデータや通信履歴の収集などの捜査手法についても、通信事業者が捜査機関の任意提供の依頼に、その諾否を適切に判断できる、適切な手続きと独立した判断機関（裁判所にその機能が果たせるかを含め、検討を進める必要がある）を作ることが必要です。

さらに、カナタチ氏が強く示唆する警察や情報機関に対する独立した監督機関を作る作業も始めなければなりません。この点は、第4章で詳しく検討したいと思います。

4　共謀罪事件についての弁護に組織的に取り組む

共謀罪法の制定に反対した多くの市民から、日弁連や弁護士団体に対して、「法の廃止を求める活動を強めて欲しい」という声と共に、「現実に法が市民活動に濫用的に適用されることを防いで欲しい」という切実な声が寄せられています。

共謀罪法案に反対する活動に取り組んだ法律家八団体連絡会では、これまでの連携を基礎として、二〇一七年九月には「共謀罪対策弁護団」（代表：徳住堅治、海渡雄一、加藤健次、南典男、平岡秀夫、武井由起子、事務局長：三澤麻衣子、連絡先：自由法曹団〔文京区関口一―八―六　メゾン文京関口Ⅱ二〇二〕、電話：〇三―五二二七―八二五五）を立ち上げ、個々の弁護活動の経験を交流し、弁護活動の経験を集約し、その中から、制度の改革や弁護のための指針を作っていくことが決まりました。弁護団は、法実務家の集団である日弁連や各地の弁護士会とも連携し、市民の安心につながる弁護のネットワークを構築していきたいと考えています。

4

深いベールに包まれる監視捜査

一　GPS監視最高裁判決の意味

捜査機関が無断でGPS発信装置を捜査対象者の車両等に取り付け、捜査対象者の位置情報や移動履歴を把握する捜査手法について、その違法性が問題となってきました。

GPS機能を用いた位置情報は、技術の進歩により、極めて正確な位置の特定が可能となっており、継続的にその者の移動する位置情報を把握し続けることもできます。複数のGPS情報を総合すれば、誰と誰が共に行動しているかを明らかにすることもできます。しかし、GPS機能を利用した追跡捜査は、これまで、法規制がないまま、警察による任意捜査として行われてきました。

二〇一七年三月十五日最高裁大法廷判決は、被告人を有罪としましたが、こうした捜査方法は違法であり、現行の令状主義になじまず、捜査を合法化するためには新たな立法が必要であることを宣言しました。

「GPS捜査は、対象車両の時々刻々の位置情報を検索し、把握すべく行われるものであるが、その性質上、公道上のもののみならず、個人のプライバシーが強く保護されるべき場所や空間に関わるものも含めて、対象車両及びその使用者の所在と移動状況を逐一把握することを可能にする。このような捜査手法は、個人の行動を継続的、網羅的に把握することを必然的に伴うから、個人のプライバシーを侵害し得るものであり、また、そのような侵害を可能とする機器を個人の所持品に秘かに装着することによって行う点において、公道上の所在を肉眼で把握したりカメラで撮影したりするような手法とは異なり、公権力による私的領域への侵入を伴うものというべきである」

「憲法三五条は、『住居、書類及び所持品について、侵入、捜索及び押収を受けることのない権利』を規定しているところ、この規定の保障対象には、『住居、書類及び所持品』に限らずこれらに準ずる私的領域に『侵入』されることのない権利が含まれるものと解するのが相当である。そうすると、前記のとおり、個人のプライバシーの侵害を可能とする機器をその所持品に秘かに装着することによって、合理的に推認される個人の意思に反してその私的領域に侵入する捜査手法であるGPS捜査は、個人の意思を制圧して憲法の保障する重要な法的利益を侵害するものとして、刑訴法上、特別の根拠規定がなければ許容されない強制の処分[注1]に当たる（最高裁昭和五〇年（あ）第一四六号同五一年三月一六日第三小法廷決定・刑集三〇巻二号一八七頁参照）とともに、一般的には、現行犯人逮捕等の令状を要しないものとされている処分と同視すべき事情があると認めるのも困難であるから、令状がなければ行うこ

注1　強制の処分とは、対象者の同意なく行われる捜査のことである。任意捜査と対比して、強制捜査とも呼ばれる。強制の処分を行うためには、法律の根拠が必要であり、このことを強制処分法定主義という（刑事訴訟法一九七条一項但書）。

とのできない処分と解すべきである」

この判示は本当に画期的です。そして、検証令状（刑事訴訟法二一八条に基づく令状の一種。物、場所、人の存否、形態、性状、作用を五官の作用によって認識すること。捜索・差押と区別される）の形式で行うことも過剰なプライバシー侵害を抑制できないとし、令状の事前提示ができないとすれば、実施可能期間の限定、第三者の立会い、事後の通知等などの手続きの公正を確保するための制度を法によって定めなければならないとしたのです。

そして、結論として、「GPS捜査について、刑訴法一九七条一項ただし書の『この法律に特別の定のある場合』に当たるとして同法が規定する令状を発付することには疑義がある。GPS捜査が今後も広く用いられ得る有力な捜査手法であるとすれば、その特質に着目して憲法、刑訴法の諸原則に適合する立法的な措置が講じられることが望ましい」と判示して、国会に立法を促したのです。つまり、GPS捜査は強制処分であり、強制処分には刑法上の特別の定が必要であるのに、GPS操作についての特別の定がないので、新たな法制度を立法化しない限り、合法的に実施することはできないとする画期的な判断が示されたのです。今後は、この最高裁判決に即して、どのような立法が図られるかが大きな問題となります。この立法作業の中で、次項で述べるプライバシー保護のための制度をどれだけ盛り込んでいけるかが、重要な課題となっています。

さらに、GPS機能付き移動端末の位置情報を捜査機関が取得する捜査手法については、電気通信事業者側に提供の制限を設けるガイドライン（総務省告示）が定められ、裁判所の令状の発付が必要とされていますが、二〇一五年のガイドライン改正により、令状があれば、利用者に知らせることなく位置情報を捜査機関が取得することが認められています。この点の規制もＧＰＳの車両装着と同様に考えるべきです。

二　司法取引と自首減免制度

1　密告を奨励する自首減免制度

共謀罪創設の危険性は、通信傍受との連動の危険性だけに限られません。コントロールド・デリバリー（薬物・銃器を監視付きで配達し受取人を検挙することで既に合法化されている）と覆面捜査（スパイ）は、共謀罪と強い親和性があります。先に述べたＧＰＳ監視、監視カメラの顔認証システム、街頭傍受（監視カメラに高性能指向性マイクを連動させる）・室内傍受（現時点では認められていないとされている――後述）などにも、拡大していく可能性があります。

共謀罪法の「自首した者の罪を必要的に減免する」という規定は、犯罪の実行前に犯罪の実行を中止した場合であっても、共謀に加わったものは、警察に自首する以外に刑罰を免れる手段がないことを示しています。戦前の治安維持法や軍機保護法にも見られた密告奨励の規定が復活しているのです。犯罪をやめても救われず、仲間を売り渡さなければ逃れられない大量の犯罪が創設されたのです。

条約からの要請もないこのような密告者の刑の減免規定は削除するべきであるのに、成立した共謀罪法では必要的減免規定を復活させ、どれだけ批判されても削除しませんでした。戦時下のような、密告奨励・相互監視社会を作る意図が安倍官邸と警察官僚の一部にはあるとみなければなりません。

2 司法取引の導入

二〇一六年刑訴法改正（三五〇条の二）によって、検察官が被疑者、被告人（協力被告人）と協議を行い、他人の刑事事件について、その解明につながる供述をした場合には、被疑者・被告人に一定の恩典（不起訴、軽い罪での起訴、軽い求刑など）を与えることができるという制度が導入されました。対象犯罪は、一定の経済犯罪、汚職（贈収賄）、詐欺などです。これらの犯罪も、共謀罪の対象犯罪とされています。

司法取引の方法は、取り調べや刑事公判で真実を述べること（制度の仕組みからは、捜査機関の筋立てに沿うことが真実とされる）、証拠の提出などの協力とされます。弁護人がすべての手続きに立ち会うこととされていますが、その効果は疑問です。その弁護人は、他人の刑事責任を明らかにして自らの罪を軽くしてもらいたいと考えている被疑者の弁護人であって、巻き込まれる「他人」の利益を考慮できる立場にはないからです。

捜査段階で捜査機関の筋立てに沿ってウソの供述をしたら、これを公判で取り消すことは極めて困難となるでしょう。恩典が受けられなくなるだけでなく、偽証罪に問われかねません。もし、公判で供述を覆したとしても、検面調書が採用されて、その「他人」は有罪とされる可能性が高いのです。この制度と、自首減免規定が連動すれば、新たなえん罪が生み出されかねないのです。

三　証人保護規定の強化がもたらすスパイ（覆面捜査官）潜入捜査

みなさん覆面捜査官という制度をご存じでしょうか。アメリカ映画で、捜査官が麻薬密売マフィアなどに自ら犯罪者として接近し、組織内で活動し、検挙の手引きを行う制度です。危険性が伴うので、受刑者に捜査機関が取引を持ちかけ、成功すれば残りの刑期を帳消しにするような約束をする例もあるようです。

日本でも、改正刑訴法二九九条の四及び七によって、弁護人に対しても、証人の氏名住所が不開示とされる場合が作られました。証人の氏名も住所も分からない中で、弁護人の反対尋問は著しく困難となるでしょう。弁護人に開示された場合も、これまでは被告人に開示しないよう配慮する義務が弁護人に課されていましたが、この義務が強化され、違反した場合は弁護士会・日弁連に処置請求をすることができることとなりました。

警察が市民団体にスパイ（覆面捜査官）を送り込み、犯罪遂行を主唱させ（基地建設を阻止するためにゲート前に座り込もう！）、これを応諾した（反対しなかった）者を密告した場合、密告したスパイは起訴されず、反対しなかったメンバーだけが起訴されるでしょう。このスパイは匿名証人として裁判に登場し、その身元は刑事裁判の間も厳格に秘匿され、スパイであることも明らかにできない可能性が高いといえます。

弁護人が、検察官から開示された証拠を被告人や支援者と共有・保管することは、刑事訴訟法二八一条の三によって制限されており、目的外に使用することが制限され、制限に違反した被告人には罰則まで規定されている（刑事訴訟法二八一条の五）。スパイと目される人物の氏名や住所の特定のために協力を求めると、その弁護人は、刑事訴訟法違反とされ、検察庁などの請求によって弁護士会によって懲戒されてしまう危険性があります。このような規制の下では、弁護人と被告人が心から信頼関係を作り、事件の弁護のための打ち合わせをすることすら難しくなるかもしれません。

米国では一九六〇年代末にベトナム反戦の市民運動にスパイが送り込まれていたことは有名です。日本でも、戦後に共産党の犯行とされた爆破事件である菅生事件の犯人は現職の警官であったことが後に判明しています。一九八〇年代に原発反対の市民運動「原発止めよう！東京ネットワーク」に現職の公安警察官がスパイとして送り込まれていた事実も報告されています。[注2] 証人保護規定は、このような権力犯罪の解明を著しく困難とする危険性があるのです。

四　通信傍受法とその拡大

1　一九九九年通信傍受法の概要

最初に盗聴法（通信傍受法）が制定されたのは一九九九年でした。私は、この法制定に対する反対運動を一生懸命やりました。一九九九年八月十三日に法制定は強行されましたが、盗聴法廃止ネットワークなどの市民団体は、廃止のための活動を粘り強く続け、民主党、共産党、社民党などの野党共同で国会に十数回の廃止法案の提案を行うことができました。

同法の制定時には、対象者の同意のない強制処分は、事前の令状を求める憲法三五条に反するという強い批判を浴びました。市民の強い反対の声で、公明党の手によって法案の修正がなされ、その対象犯罪が①薬物、②組織的殺人、③密航、④銃器の四つに限定されること

注2　井上年弘原水禁事務局次長「実行委員会に参加していた男は公安警察だった（海渡雄一編『反原発へのいやがらせ全記録』、二〇一四年、明石書店、五一頁）

となりました。さらに、盗聴に当たってのＮＴＴなどの通信事業者の常時立ち会いの義務が課され、対象犯罪の限定と手続き的な負担が、事件数の激増の大きな歯止めとなってきました。

2　法制定後の通信傍受の運用状況

また、通信傍受法については、国会への報告制度が作られ、令状の発布件数、逮捕者数、傍受された通話数、無関係通話の割合などのデータが毎年国会に報告されてきました。この制度は、制度の運用の実情をある程度明らかにし、人権侵害が潜在化することを防ぐという点でも大きな意味がありました。

令状の発布件数が数十件、逮捕者は一〇〇名内外、通話総数は一万件前後ということで推移してきました。当初危惧されたような令状の激増は旧法の下では食い止められてきたといえます。しかし、犯罪関連通話の割合は減少の傾向であり、無関係通話の割合は二〇一六年には九六パーセントにも達していることが特筆されます。

3　通信傍受法の改正（二〇一六年）

(1)　通信傍受の対象犯罪の拡大

ところが、刑事司法改革関連法案では、傍受対象の犯罪に、窃盗、詐欺、傷害や児童ポルノ規制などが含まれ、主要刑法犯罪が網羅されることとなりました。これに既存の覚せい剤

国会への盗聴捜査報告（2000 年～ 2016 年）

法務省の国会報告をもとに作成（盗聴法に反対する市民連絡会）

	適用件数	罪名（内訳）	逮捕人員数	盗聴令状請求件数	盗聴令状発付件数	犯罪関連通信でなかった件数	通信手段	盗聴実施日数	盗聴総数	犯罪関連盗聴数	犯罪無関係盗聴数	犯罪無関係盗聴率
2000 年	0											
2001 年	0											
2002 年	2	薬物関係 2	7	4	4	1	携帯電話	22	256	61	195	76%
2003 年	2	薬物関係 2	14	4	4	1	携帯電話	32	772	244	528	68%
2004 年	4	薬物関係 4	17 （5）	5	5	0	携帯電話	78	3446	665	2781	81%
2005 年	5	薬物関係 4 組織的殺人（銃） 1	23 （5）	10	10	1	携帯電話	85	2210	360	1850	84%
2006 年	9	薬物関係 9	29 （2）	21	21	4	携帯電話	244	7161	998	6163	86%
2007 年	7	薬物関係 7	36 （2）	11	11	0	携帯電話	205	6126	1189	4937	81%
2008 年	11	薬物関係 8 銃関係 2 組織的殺人（銃） 1	41 （7）	22	22	2	携帯電話	233	4907	623	4284	87%
2009 年	7	薬物関係 6 銃関係 1	33	23	23	6	携帯電話	292	4867	892	3975	82%
2010 年	10	薬物関係 8 銃関係 1 組織的殺人（銃） 1	47	34	34	5	携帯電話	397	7475	1326	6149	82%
2011 年	10	薬物関係 5 銃関係 3 組織的殺人関係 2	22	27	25	16	携帯電話	435	8442	763	7679	91%
2012 年	10	薬物関係 6 銃関係 3 組織的殺人関係 1	59 （20）	32	32	13	携帯電話	461	9028	959	8069	89%
2013 年	12	薬物関係 6 銃関係 3 組織的殺人関係 1	87 （8）	64	64	18	携帯電話	957	19346	3090	16256	84%
2014 年	10	薬物関係 7 銃関係 3	110 （38）	26	26	4	携帯電話	538	13778	2329	11449	83%
2015 年	10	薬物関係 9 組織的殺人 1	115 （14）	42	42	6	携帯電話	638	14528	4969	9559	66%
2016 年	11	薬物関係 5 銃関係 4 組織的殺人 1 電算機使用詐欺 1	61 （28）	40	40	5	携帯電話	619	10451	442	10009	96%
合計		薬物関係 90 銃関係 20 組織的殺人関係 9 電算機使用詐欺 1	701 （1）	365	363	82	携帯電話	5236	112793	18910	93883	83%

関連犯罪を加えると、身柄拘束刑事事件の大半を網羅したこととなります。二〇一七年二月十五日付『読売新聞』では、次のように報じられています。

「この改正通信傍受法に基づき、警視庁と愛知県警が還付金詐欺事件の捜査で、容疑者と関係があるとされる元暴力団組員らの電話を傍受していたことが捜査関係者への取材でわかった。改正法で追加された犯罪の通信傍受は全国で初めて。警視庁と愛知県警は昨年九月、高齢女性から医療費の還付金名目で現金をだまし取った詐欺グループ一五人を電子計算機使用詐欺容疑などで逮捕。全国の高齢者ら約七〇人から約六五〇〇万円を詐取していたという。同庁などは背後に暴力団が関与していたとみて、捜査を進めたが、犯行が組織的で、共犯者を特定することは困難だった。改正通信傍受法に基づき、裁判所の傍受令状を取得し、昨年十二月、容疑者と関係があるとされる元組員ら数人の電話の傍受を実施した。通信事業者が立ち会ったという」

改正法は、少しずつですが、現実に適用され始めているのです。

(2) 組織性要件の意味と疎明の必要性

通信傍受法では、一応「組織性」要件が付されています。しかし、この組織性の要件は、共謀罪の成立に必要とされる組織犯罪集団の関与の要件と比較しても、極めて漠然としており、共犯事件であれば、これを充足するようにもみえます。この組織性の要件を厳格に適用させ、制度の濫用を防ぐことを目指すべきですが、現状の条項のままではかなりの困難を伴います。明確に定義された組織犯罪集団の関与を傍受の要件とすることが求められています。

(3) 通信傍受の実施に際しての立会い等の手続きの合理化・効率化

通信傍受の制限的な運用となっていた通信事業者の立ち会いもデータの暗号化によって省略できることとされています。現在の制度では、盗聴するためには、ＮＴＴ職員などの立会人が必要とされてきました。この制度が盗聴手続きの拡大の事実上の歯止めとなり、令状に記載された通信回線だけの傍受しか行われていないことを監視してきたのです。

ところが、新法では、この立会人の必要のない、あらたな盗聴方法が盛り込まれ、暗号化をすることで、改ざんを防ぐことができると説明されています。外部の人間の立会がない状態で、都道府県の警察本部や検察庁で直接盗聴できるようにしようとしているのです。

ただし、この暗号技術は未確立で、この部分の法施行は三年以内に行うこととされています。この部分の法施行はまだ実施されていないのです。先に述べたように、新法の下でも、暗号化の実施前の段階では、立ち会いは実施されているようです。しかし、暗号化の部分が施行されれば、捜査機関は令状さえ取得すれば立会人なしで簡単に傍受が可能となるので、安易に傍受捜査に依存することになり、傍受件数は爆発的に増大することでしょう。例外的な状況に限定されていた制度の運用が、むしろ原則的な捜査とされるようになるおそれがあるのです。

(4) 事後的検証の実効性について

これまでの国会報告制度では、罪名、逮捕人員、令状請求・発布件数、犯罪関連通信でなかった件数、通信手段、実施日数、傍受総数、犯罪関連傍受数、犯罪無関係傍受数などが明らかにされてきました。これで、傍受の全貌、無関係通信への傍受の拡がりは把握できますが、立ち会いの省略後に、盗聴範囲の拡大が予測される中で、この国会報告制度を機能させるために、どのような事項を報告事項に付け加えれば良いのか検討を始める必要があります。

(5) 通信傍受法について対象犯罪の再限定を提起する

通信傍受の対象犯罪が無限定に拡大したことは明らかですので、これを再限定させることが、どうしても必要です。

(6) 第三者監督機関による監視システムが必要である

制度が拡大された状況の下で、人権侵害が起こらないようにするため、最低限、弁護士などで構成される第三者機関を作り、チェックできる仕組みが不可欠です。カナタチさんが強く求めたのも、このことです。政府は、盗聴対象者に対して、後日、直接通知がされ、これに対して不服申立ができる制度で十分であるとしています。

山本太郎議員が内閣委員会で、何件の通知を出し、何件の不服申し立てがあったのかと聞きました。答弁した警察庁刑事局長は、通知した件数は把握しておらず、不服申し立ての数は、過去に一件との答えでした。

国連人権理事会への特別報告者ベン・エマーソン氏（カナタチ氏の前任者）も二〇一四年の報告書「デジタル時代のプライバシーの権利」の中で法執行機関による監視措置には透明性が求められることを強調しています。[注3] 国際人権ＮＧＯのＦＩＤＨが公表した「ヨーロッパ製の監視テクノロジー・人権侵害防止のために必要な規制」においても、同様のことが求められています。[注4]

五　会話傍受の導入計画

現時点では法制化が見送られていますが、通信傍受法の対象犯罪の拡大を取りまとめた

注3　United Nations "Promotion and protection of human rights and fundamental freedoms while countering terrorism" (A/69/397)　Para63

注4　Para38 Surveillance technologies "Made in Europe": Regulation Needed to Prevent Human Rights Abuses – FIDH

「法制審議会・新時代の刑事司法制度特別部会」では、会話傍受の導入が警察関係者から提起され、議論がなされました。

欧米の多くの国において、このような制度が導入されており、中でも米国及びイタリアでは、通信傍受と同じ対象犯罪や実施手続により会話傍受が可能とされています。

そして、法務省が二〇一三年一月に「法制審議会・新時代の刑事司法制度特別部会」のためにまとめた「基本構想」において、振り込め詐欺の拠点となっている事務所、対立抗争等の場合における暴力団事務所や暴力団幹部の使用車両、コントロール・ド・デリバリーが実施される場合における配送物（薬物）などに対象を限定しての傍受機器を設置して会話傍受することが提案されました。特別部会では、参考資料内として「犯罪組織のアジトにおける会話傍受フロー」「コントロールド・デリバリーにおける会話傍受フロー」などが示されています。

捜査機関が住居や車両などに傍受機器を設置し、会話等を傍受する会話傍受は、通信傍受と異なり、ひとたび傍受機器が設置されるといつでも傍受できる状態が長期にわたり継続することになり、密室で行われるため、内容的にも時間的にも無制約に傍受がなされる恐れがあります。私生活の核となるような場面までが傍受の対象とされる恐れがあり、犯罪と無関係な個人の会話・行動が傍受される危険性も高いといえます。

会話傍受は、捜査機関による権限濫用の恐れも大きく、通信傍受以上にプライバシー権を侵害するおそれの高い捜査手法であって、これを許容すべきではないと考えます。ドイツでは、室内傍受の法制化に当たって憲法改正を経ていることが指摘できます。

六　規制なしに蔓延する顔認証・監視カメラなどの監視捜査

現在、監視カメラの設置については法規制がありません。警察、事業者、商店街、個人等多様な設置主体によって、都市部を中心として、全国的に設置が進められています。また、近時は、タクシーやバス、電車、新幹線など、交通機関への監視カメラの設置も急増しています。

さらに、監視カメラに顔認証システム機能が付与されることにより、膨大な監視カメラ画像から特定の個人を容易に検索し識別することが可能となっています。特定の人の行動を過去に遡って監視することさえ可能となっているのです。

そして、刑事裁判に提出される証拠等から見ると、民間の設置者は、かなり安易に監視カメラ映像を捜査機関へ提供している実態があるようです。捜査機関は、あらゆる監視カメラ映像を容易に入手できることとなっています。さらに、Ｎシステムは車で移動するターゲットについて、捜査機関の有力な武器となっています。入管窓口での指紋採取、ＤＮＡ型データベース、捜索差押え時の広範なデジタル情報の収集等も、進んでいます。

七　プライバシー保護のための制度「通信監視への人権適用に関する国際原則」

監視カメラやＧＰＳ機能を利用した捜査が、何らの法規制もないまま、捜査機関の判断によって無限定に拡大していけば、プライバシー権が過度に侵害されるおそれがあります。したがって、個人情報の収集、利用・第三者提供、保管、廃棄の各場面において、これまで積み重ねられてきた裁判例を参考に、捜査の必要性とプライバシー権保護との比較衡量を行いつつ、新たな立法による規制をかけ、捜査機関による無限定なプライバシー侵害に歯止めをかける必要があります。

インターネット上のあらゆる個人のデータを網羅的に収集・検索する情報監視は、不必要にプライバシーを侵害するものであり、立法でこれを禁止しなければなりません。そして、捜査上の必要な通信監視については、二〇一四年に世界の五〇〇の団体、専門家、政府機関関係者によって作成された「通信監視への人権適用に関する国際原則」が参考になると考えられます。（『超監視社会』（ブルース・シュナイアー著、池村千秋訳、草思社）第一三章の注釈参照）。

「通信監視への人権適用に関する国際原則」は、一三の原則を示しています。

①　法定主義――プライバシーの制限は、明確に、そして細部にわたるまで具体的に法律で定めるべきである。そして、テクノロジーの急速な進歩にプライバシー保護の仕組み

が追いつくように、法律を頻繁に見直さなくてはならない。

②　目的の正当性──通信監視が許されるのは、国の最も重要な目的を追求するために必要な場合に限られるべきである。

③　必要性──通信監視が正当な目的を達成するために必要であると立証するのは、国家の責任である。

④　妥当性──通信監視のメカニズムは、正当な目的を達成するために有効なものでなくてはならない。

⑤　相当性──通信監視は、プライバシーの権利と意見の自由、表現の自由に干渉し、民主主義社会の土台を脅かす、極めて重大な権利侵害行為とみなすべきである。通信監視を相当な範囲にとどめるためには、一般的には、しかるべき権限をもつ司法機関による事前の承認が必要とされる。

⑥　しかるべき権限をもつ司法機関──通信監視に関わる決定は、公正で独立した、しかるべき権限をもつ司法機関によってなされなくてはならない。

⑦　適正手続──人権への干渉はいかなる場合も、法律に基づく手続に従って決定されなくてはならない。その手続は、誰でも利用できる公平で公開の聴聞の場で、すべての人に同一の基準で行われるべきである。

⑧　本人への通知──通信監視の許可がくだされる場合は、対象者に通知されるべきであ

る。通知すれば捜査が妨げられると、しかるべき権限をもつ司法機関が判断した場合を除いて、監視が実行される前に、誰もが異議申立の機会を与えられなくてはならない。

⑨　透明性――政府は十分な情報を公開し、国民が監視活動の規模と性質を理解できるようにする義務を負っている。また、政府は、監視に関わる国家との取引の規模と性質についてサービス提供企業が詳細に開示することを全面的に禁じてはならない。

⑩　国民による監督――通信監視の透明性を確保し、権限濫用の責任を問えるようにするために、国家は独立した監督メカニズムを設けるべきである。その監督メカニズムには、国家の行動に関連がある可能性のある情報すべてを入手する権限を持たなければならない。

⑪　通信とシステムの保全――サービス提供者や、ハードウェア及びソフトウェアのメーカーは、システムに監視機能やバックドア〔侵入口―引用者〕を組み込んだり、国家による監視のためだけに特定の情報を収集もしくは保持したりすることを強制されてはならない。

⑫　国際協力に関する保護措置――国家は、監視を実行するために他国の協力を求める場合がある。その際は、公開の明確な合意を結び、適用される可能性のある基準の中で最も厳重にプライバシーを保護するものに準拠するようにしなくてはならない。

⑬　違法な情報収集に対する保護措置――違法な電子的監視を行った者はすべて、民事と刑事の制裁を受けるべきである。また、そのような監視により影響を受けた人物には、

是正のために必要な法的メカニズムを利用する機会が認められなくてはならない。人権を脅かすような監視活動を暴露した内部告発者は、強力な保護を与えられるべきである。これらの原則を具体化した、通信監視に関する市民の権利を保障するための新たな法制度を提言し、実現していかなければなりません。

八　カナタチ氏が求めるプライバシー保護のための制度が備えるべき最低条件

日弁連は、二〇一七年六月九日に開催されたスカイプシンポジウムのために、カナタチ氏に「プライバシー保護のために、どのような措置が必要でしょうか。あなたのレターの、最大のポイントは、日本の法制度において、プライバシー権の保護措置が欠如しているという点だと思います。この勧告に焦点を当て、日本において、このような法案を起草する際に、必要と考えられるプライバシーの保護措置の具体的な内容を説明していただけますか」と質問しました。この質問に対してカナタチ氏から寄せられた回答は次のような包括的なものです。

「世界を牽引する民主国家の政府は、以下の義務を課す国際条約を批准できるような立法、制度、その他の措置を整備しているべきです。

(1)　国内外や民間・軍事のものを問わず、あらゆる監視は法執行当局（ＬＥＡ）、安全・

6月9日　カナタチさんをスカイプでつないだ日弁連シンポ（撮影杉原こうじ）

情報機関（ＳＩＳ）、その他具体的な法令によって重大犯罪の覚知・予防・捜査・訴追及び／又は国家の安全及び／又は経済的利益のために権限を与えられた機関（ＰＭＥ）以外は行ってはならない。ＬＥＡ及びＰＭＥには、税務・歳入・税関・汚職防止当局が含まれる。ＳＩＳは、民間・軍事・海外・国内を問わずあらゆる情報・安全機関を含む。

(2)　ＬＥＡ、ＳＩＳ、ＰＭＥの元で活動する外国軍人を除き、その存在が秘密である機関による監視は認められない。ＬＥＡ、ＳＩＳ、その他監視活動を行うことが法令により認められるＰＭＥは、権限の濫用、とりわけ監視活動からの適切な保護機構を備えた法令のもとで設立され、規定されなければならない。これらの保護機構には、以下から成る抑制及び均衡のシステムが含まれるが、それらに限られるものではない。

(a) 法令で国内・海外における監視活動を行う権限を与えられた全てのLEA、SIS、PMEの予算及び活動を司る地域又は国家の立法機関の委員会で、あらゆる監視プログラムまたは監視活動への予算提供の一時的または永久的な保留、停止、認可、取消を行う権限のある委員会による定期的、少なくとも四半期毎に実施される監督

(b) 監視活動を行う機関、行政府及び立法府から完全に独立しており、その構成員の一名またはそれ以上が生涯任期の判事と同様または同等の身分保障を与えられた事前許可機関で、法令によりLEA、SIS、PMEの法令に基づく監視活動にかかる事前の申請を審査し、許可をする権限を与えられた機関

(c) 監視活動を行う機関、事前許可機関、行政府及び立法府から完全に独立し、その構成員の一名またはそれ以上が生涯任期の判事と同様または同等の身分保障を与えられた活動監督機関で、法令によりLEA、SIS、PMEの法令に基づく監視活動の実施を事後的に監督し、説明責任を果たさせる権限を与えられた機関

(d) 内部告発者の匿名性を確保し、救済措置を執ることを含め内部告発手続の外部審査機構を備えた組織間の内部告発メカニズム

(e) 立法機関、事前許可機関及び活動監督機関による少なくとも年一度の報告の実施及び報告書の発表

(3) 監視活動を実施するLEA、SIS、PMEは明示的にその権限を与えられ、以下を定義した具体的法令により規制されていなければならない。

(a) 目的

(b) 職務

(c) 目標

(d) 活動内容

(e) 基本的な管理機能及び体制

(4) どんな監視活動も、具体的に定義された特定の目的のために、かつ具体的な必要性を受けて実施されなければならない。外国軍人その他LEA、SIS、PMEのもとで活動を行う外国職員に関係する場合を除き、全ての国内・海外の監視活動は、地域または国家の管轄区域内にある人物またはデータを対象とする場合にあっては、事前に地域または国家の事前許可機関の発行する令状が事前に得られていない限り、または設立された国際データアクセス委員会（IDAC）から国際データアクセス令状（IDAW）を得られない限り、これを行ってはならない。

(5) 監視活動にかかる令状請求がされた場合に、合理的疑い以外の基準が考慮されてはならない。容疑者の市民権、居住者区分、人種的出身、性的指向、宗教的・政治的・哲学的思想のみでは、監視活動にかかる令状の発布の十分な根拠として示され、または認められてはならない。

(6)　監視活動の権限を与える法令は、関係する個人がアクセスできる有効な手続的救済方法を備えなければならない。

(7)　監視活動を実施する機関の予算は明確に定義され、行政・立法・司法による審査の対象とされなければならない。ただし、必要かつ相当な場合、この審査はインカメラにて行うことは認められる。

全体主義社会の進化の歴史や、監視技術の発展、とりわけスノーデンの暴露を受けてのそれを見ると、上に挙げた機構は、民主社会においてプライバシー権、表現の自由、結社の自由、信教の自由その他基本的人権が生きながらえ、繁栄するために必要であると私が考える最低基準であり、最低限必要な保護機構です」

カナタチ氏によって示されている最低条件は、極めて具体的で、日本でも、実施可能なものだといえます。カナタチ氏は、ここに述べられている規範内容を現代におけるプライバシー保護のための国際人権基準として結実させようと努力されているように見えます。私たちも、このような努力に協力し、これが国際社会の中で合意されるように、努力を傾ける必要があると思います。

5

スノーデンが描き出した世界監視システムと日本

一 プリズム

アメリカ国家安全保障局（ＮＳＡ）の契約先の技術者であったエドワード・スノーデン氏は、二〇一三年六月、米国の映像作家ローラ・ポイトラス氏、ジャーナリストのグレン・グリーンウォルド氏、そして英ガーディアン紙に情報を提供しました。

スノーデン氏が提供したデータは、細切れのものではなく、ＮＳＡが世界規模で構築した情報収集システムの全貌とその能力を明らかにする画期的なものでした。日本では、スノーデン氏の告発は海外のことのように受け止められているように見えます。しかし、インターネットは全世界でつながっており、日本にいる私たちも、このシステムの稼働している世界に生きていることを深く自覚しなくてはなりません。

二〇〇一年の９・11同時多発テロ事件から始まった、アメリカなどの国々とアルカイダなどイスラム過激派との War on Terror は、アフガン戦争、イラク戦争を経て、現在の「イスラム国」＝ＩＳとの戦闘、世界規模の自爆テロ、混沌としたシリア・イラク情勢に見るように、ますます泥沼化しているようにみえます。テロリストとされる者たちへの残虐な掃討作戦が、新たなテロ志願者を生み出すという悪循環に陥っているようにみえます。

「イスラム国」は、イスラム諸国だけでなく、欧米の若者の一部の心を捉え、義勇兵として「イスラム国」に参加するような心理を醸成しているようです。自由と安全を両立させることがますます困難に見える現代社会において、我々は、主権者として情報アクセスの自由を求めるか、監視の下の隷従的安全を選ぶのかの選択を突きつけられているようです。

スノーデンの告発の最大の意義は、これまでその存在が噂され、皆があるだろうと考えてきた、アメリカ国家安全保障局（NSA）によるIT技術を道具とした世界監視システムの具体的なシステムとその能力が明らかにされたことにあります。NSAのpolicyは、Collect it allすべてを収集せよ、というものです。

NSAは全世界の無線通信を捕捉できるエシェロンシステムを運用していましたが、インターネット時代に即応し、プリズムと呼ばれるデジタル情報の世界的監視システムを構築しました。

最初に明らかにされたシステムはプリズムです。NSAがあらたに開発したプリズムというシステムを使って、SNSやクラウド・サービス、あるいはインターネットの接続業者など大手のIT企業九社のサーバーから直接網羅的にデータを収集していたという事実を暴露したのです。このやりとりは、香港のミラホテルの一室で行われました。彼らが出会うところは、オリバーストーンの「スノーデン」にも、ポイトラス監督の「シティズン・フォー」の両方の映画に出てくるシーンですが、ドキュメンタリーの方は、まさに実話だけに手に汗を握る展開です。トップ・シークレットを保持する内部告発者とこれを報道する熱意と能力と勇気のあるジャーナリストが出会うことができ、報道ができたこと自体が奇跡だということを、ふたつの映画はあらためて知らせてくれます。

このプリズム・システムは、一カ月でメールは九七〇億件、電話一二七〇億件を収集していたといいます。この九社とは、Microsoft、米Yahoo、Google、Facebook、AOL、Skype、YouTube、Apple、Paltalkであり、NSAはこれらの会社の保有するサーバーなどに自由にアクセスすることができたといいます。このプリズムによって二〇一二年には二万二〇〇〇のメールドメインから情報の収集が可能であったという（同書一七二頁）。そして、フェイスブックのチャットやグーグルの検索履歴、ヤフーメールなども傍受できたといいます。

このシステムの「Eメールアドレス・クエリー」の操作画面がグリーンウォルド『暴露』（新潮社、二〇一四年）の二三六〜二三七頁に掲載されています。「クエリー名、監視理由、日付の範囲、検索したいEメールアドレス（複数可）」の欄に入力し、送信ボタンを押すだけで、必要な情報が得られるシステムとなっていました。そして、NSAは、そのメール解読ソフトによって集積されていたデータから、メールの履歴（ヘッダー）だけでなくコンテンツ（内容）まで読むことができるとされています。

映画「スノーデン」では、このシステムを使えば、情報機関は、どんなことができるかを、映像で実際にやってみせます。これが、後述するXkeyscoreです。劇映画の強みは、このようなことができるところでしょう。映画の中で、スノーデンは、ジュネーブでの活動中に、一人の中東の銀行家の私生活上の弱点を握り、情報機関の協力者にするために籠絡しようとします。その銀行家は実際に破滅していきます。情報を収集すると言うことは、ターゲットの弱点を知り、権力の意のままに人を操縦できるようにし、個人を経済的にも精神的にも破滅させることができるということを示しているのです。

二 海底ケーブルを流れる情報をコピーしてしまうSSOの恐るべき内容

NSAの傍受システムにはプリズム以外に、次のようなシステムが存在しました。アップストリームによる傍受すなわち、光ファイバー・ケーブルの情報をそのまま収集するというやり方が執られていることが判明しています。スノーデンはこれこそが、今日のスパイ活動の大半であり、核心であると述べています。SSO（特殊情報源工作）は、大洋横断通信ケーブルの上陸地点に設備を作り、ケーブルからNSAのデータベースに情報を転送する仕組みとなっています。

『スノーデン、監視社会の恐怖を語る』（毎日新聞出版、二〇一六年）は、監視社会の社会学的研究を専攻する小笠原みどり氏が、日本人ジャーナリストとしてはじめてスノーデン氏にロングインタビューをすることに成功した記録です。この本によると、日本の接続点は「新丸山」として特定されています。

「この光ファイバー・ケーブルはベライゾンのほか、中国、台湾、韓国の五社が〇六年に共同建設に合意。〇八年春にAT&Tと日本のNTTコミュニケーションズも参加して、同年秋に完成した。各国のケーブル上陸地点に陸揚げ局があり、NTTは千葉県南房総市に新丸山局を設置。米側はケーブルがオレゴン州北部のネドンナ・ビーチに上陸、内陸側のヒルズボロにベライゾンが陸揚げ局を置いたことが判明した。これが窒息ポイント「BRECKENRIDGE（ブレッケンリッジ）」と位置的に重なる。つまりアジア地域から入る膨大なインターネット、電話情報の一部が、オレゴンでNSAに押さえられているらしいことがわかった」

「一一年の東日本大震災で海底ケーブルが損傷し、FAIRVIEWの情報収集が約五カ月滞ったが復旧した、と告げる文書も公表。複数の通信会社と提携した、複数の地点で、日本の通信は日夜NSAに『窒息』させられている」

まさに、情報の流れがごっそりと情報機関によって抜き取られているのです。

三 監視する者も監視される

共謀罪が制定されれば、人と人とのコミュニケーションそのものが犯罪となります。その捜査は被害の現場から始まるのではなく、まだ「事件」が起きる前に、関係者の通信を集めることが捜査となります。

グーグルやフェイスブックのデータが丸ごとアメリカ国家安全保障局（ＮＳＡ）に提供されていたことは、驚きでしたが、日本の我々はこの告発を対岸の火事のように感じてきました。しかし、小笠原さんのインタビューによって、日本の市民の情報もＮＳＡによって集められていること、秘密保護法の制定の背後には米政府による高度の秘密情報を交換するには秘密保護法の制定が不可欠であるという「刷り込み」が行われていたことがわかりました。

そして、映画「スノーデン」では、日本がアメリカに逆らったら、ただちに日本中を停電させるシステムが日本の電力システムには埋め込まれていることが示唆されます。背筋も凍るような映像です。アメリカがその制定を切望してきた「共謀罪」もまた、日本をアメリカの属国化するための法律ツールの一つだと疑うことには根拠があるのです。

映画「スノーデン」の中で、スノーデンとガールフレンドのリンゼイが日本赴任の終わりに、富士登山を計画していて大げんかをするシーンがあります。スノーデンは、リンゼイが他の男性とつきあっているのではないかと疑っているのですが、スノーデンの上司は「そんな心配はいらない。リンゼイはあの男とは付き合っていない」と説明します。つまり、スノーデンだけでなく、彼のガールフレンドの行動のすべてまでが、国によって監視されているということをスノーデンは上司の言葉から知ることになるのです。人を監視しているはずの情報機関の人間そのものが、厳しい国の監視下に置かれ、疑心暗鬼の中で、次第に自らを見失うことになるというパラドックスをこの映画はよく描いています。

四　日本政府に提供されていたＸｋｅｙｓｃｏｒｅ

二〇一七年四月二十四日、米ネットメディア「インターセプト」とＮＨＫは、米中央情報局（ＣＩＡ）元職員のエドワード・スノーデン氏が持ち出して提供した機密文書として、米国の国家安全保障局（ＮＳＡ）が日本に提供した「Ｘｋｅｙｓｃｏｒｅ」（エックスキースコア）を使って、ＮＳＡ要員が日本での訓練実施を上層部に求めた二〇一三年四月八日付け文書を公開しました。

「Ｘｋｅｙｓｃｏｒｅ」とは、先に述べた包括データの検索プログラムですが、『暴露』（グレン・グリーンウォルド著、田口俊樹・濱野大道・武藤陽生訳、新潮社）によると、その特徴は以下のとおりとされています。

①　Ｅメール、ウェブサイトの閲覧履歴、グーグルの検索履歴、チャット、オンライン・ソーシャル・ネットワーク（フェイスブック、ツイッター等）上の活動など、〝一般的なユーザーがインターネット上で行うほとんどすべての活動〟を収集・管理・検索するためのプログラムである。

② Eメールの作成やサイトの閲覧といった個人のオンライン上の活動を〝リアルタイム〟で監視することすら可能である。
③ NSAの分析官は、「Xkeyscore」により、ある人物が訪問したウェブサイトを突き止めることができるばかりか、特定のウェブサイトを訪問した者全員のリストを作成することもできる。
④ 分析官は、どんな情報であれ、誰からの監督も受けることなく、いとも容易に検索ができる。
⑤ 「Xkeyscore」は、完全な状態のコンテンツを三日から五日間保管できる。

スノーデン氏は、この「Xkeyscore」を「スパイのグーグル」と呼んでおり（『スノーデン、監視社会の恐怖を語る』小笠原みどり、毎日新聞出版）、共同通信のインタビューにおいて、「（「Xkeyscore」を）私も使っていた。あらゆる人物の私生活の完璧な記録を作ることができる。通話でもメールでもクレジットカード情報でも、監視対象の過去の記録まで引き出すことができる『タイムマシン』のようなものだ」とも述べています（二〇一七年六月二日東京新聞）。

二〇一七年四月に公表された米国国家安全保障局（NSA）の機密文書（いわゆるスノーデン・ファイル）の中に、「Xkeyscore」がDFSに提供された旨の記載がありました。

日本共産党の宮本徹議員は二〇一七年五月十七日の衆院外務委員会で、スノーデンファイルに頻繁に登場し「エックスキースコア」の提供を受けたとされる「ＤＦＳ（Directorate for SIGINT）」について質問し、防衛省はこれが防衛省情報本部電波部の略称だと認めました。

この機密文書について、スノーデン氏は、共同通信のインタビューにおいて、「エックスキースコアを国家安全保障局（ＮＳＡ）と日本は共有した。（供与を示す）機密文書は本物だ。米政府も（漏えい文書は）本物と認めている。日本政府だけが認めていないのは、ばかげている」と述べており（二〇一七年六月二日東京新聞）、「Ｘｋｅｙｓｃｏｒｅ」が日本にも提供されたことを明確に認めています。日本の通信回線を流れる情報のほとんどは米国内を通過するため、ＮＳＡは、このプログラムによって日本国内の通信内容をほぼ完全に収集し分析することができるのです。

また、前述した、宮本議員の質問に対して、防衛省は、「防衛省におきましては、我が国の防衛に必要な情報を得るため、電波情報も含めまして、数々の情報を収集、整理、分析しております。この結果につきましては、関係省庁と共有されているところでございます」と答弁し（廣瀬政府参考人答弁）、情報を関係省庁と共有していることを認めており、警察も関係省庁の一つとして「Ｘｋｅｙｓｃｏｒｅ」により得られた情報を共有している可能性は否定できないのです。防衛省情報本部電波部の歴代部長はいずれも警察庁出身者が務めています。

「Ｘｋｅｙｓｃｏｒｅ」をめぐる報道の持つ意味は、共謀罪に関する国会審議の過程で十分に掘り下げることができませんでした。この共謀罪法案審議の前提として、このシステムがどのように運用されているかを、国会の場で明らかにすることが必要でした。しかし、今からでも遅くはありません。国会での熱心な討論を期待します。

五　カナタチ国連特別報告者はアメリカ政府に大量監視システムの停止を要請

ジョゼフ・カナタチ国連プライバシー特別報告者は、二〇一七年六月にアメリカ合衆国を公式訪問し、この訪問調査に基づいて、六月二十七日、その予備的な所見を公表しました。この所見から、国家安全保障のためのサーベイランスに関する部分を紹介します。

「私は、米国政府がＡＣＬＵ（アメリカ自由人権協会）によって私に提示された、具体的には、米国連邦控訴裁判所（ＦＩＳＡ）の過去の強みを再構築するために、米国議会が求めなければならない以下の懸念に対応することを推奨します」

「ＦＩＳＡ第七〇二条に基づいて取得された情報を政府が捜査し、犯罪捜査やその他の国家安全保障関連活動にこの情報を使用することを禁じることによって、『バックドア探索の抜け穴』を閉じるべきです」

「外国政府のエージェントではなく、テロ、スパイ、核拡散と関係のない個人のターゲッティングを防止するため、ＦＩＳＡ第七〇二条の適用範囲を狭めるべきです」

「アップストリームプログラムを終了することで、アメリカ人の電子メールやその他のオンラインコミュニケーションの大量検索を終了するべきです。政府は、何百万人もの人々のメールコンテンツをスキャンし、九万人を超える外国のターゲットに関する情報のためにアメリカ人のコミュニケーションを収集するアップストリームプログラムを終了させなければなりません」

「ＦＩＳＣ（Foreign Intelligence Surveillance Court　海外諜報監視裁判所）による審査を強化し、政府に監視活動に関する統計を報告するように要求することにより、監督と透明性を改善するべきです」

「ＦＩＳＡ第七〇二条に基づいて収集された情報の保持と普及を制限するべきです」

「政府が関連する個人にその法的立場を通知する義務を遵守し、国家の秘密ドクトリンを改革するよう要請することにより、個人が裁判所で第七〇二条のサーベイランスに対して法的に異議申し立てをすることができるようにしなければなりません」[注1]

まさに、カナタチ氏はスノーデン氏が告発したシステムが国際人権基準と衝突している部分を具体的に指摘し、大量情報監視の停止を求めているのです。

参考文献
グレン・グリーンウォルド『暴露　スノーデンが私に託したファイル』（二〇一四年、新潮社）
ルーク・ハーディング『スノーデンファイル　地球上で最も追われている男の真実』（二〇一四年、日経ＢＰ社）
デイヴィッド・ライアン著、田島泰彦、大塚一美、新津久美子訳『スノーデン・ショック――民主主義にひそむ監視の脅威』（二〇一六年、岩波書店）
小笠原みどり『スノーデン、監視社会の恐怖を語る独占インタビュー全記録』（二〇一六年、毎日新聞出版）

六　プライバシーは人が人であるための前提である

二〇一六年六月に東大で開催された講演会で、スノーデン氏が講演しました。といっても、ロシアの自宅から、インターネットで登場したのです。彼は、このような方法を使って、世界中で講演しています。私もこの講演を聞きにいきましたが、日本の会場からの質問にも誠実に答えてくれました（この講演の全体は「スノーデン日本への警告」（二〇一七年、集英社新書）にまとめられています）。

注1　http://www.ohchr.org/EN/Issues/Privacy/SR/Pages/SRPrivacyIndex.aspx

JCLU（自由人権協会）70周年プレシンポジウムでインタビューに答えるスノーデン氏（2016年6月、東大にて）

亡命先のロシアから出られない状況でも、スノーデン氏は世界の情報を知り、表現の自由とプライバシーを守るために発言を続けています。この講演では、日本の秘密保護法のことやメディアに対する政府の厳しいコントロールなどについて、実に的確に指摘しました。スノーデン氏は、自らの告発の意味について思索を深める中で、世界市民の「自由の守護者」となったといえるでしょう。

私たちが、共謀罪法案に反対する活動を展開しているときに、「テロ対策に反対するのは無責任だ」「あなたは、何か、悪いことでも考えているのか」「自分は何も悪いことをしているわけではないから、平気だ」という反応が返ってくることがありました。しかし、悪いことをしていなければ本当に平気なのでしょうか。人間が自由に考えて、自らの内心を的確に表現するためには内心と不可分な通信のプライバシーが保障されている環境が必要不可欠のはずです。このような発言が出てくるということは、「思考の自己規制」が既に始まっているのではないかと感じます。

映画「スノーデン」のラストに一瞬ですが、俳優ではなく本物のスノーデン氏自身が登場します。物静かですが、自信に満ちたその横顔には、自らのやったことが正しいという確信があふれていました。実にいい顔でした。

ジョージ・オーウェルの『一九八四年』が描き出したように、監視されている状況では自由な思索そのものができなくなるのです。今日のデジタル監視を予見した「テレスクリーン」による監視によって、人々の自由な思考すら不可能となります。党幹部の特権には、テレスクリーンの監視を切ることができることが含まれていました。フェイク・ニュースがあふれるポスト・トゥルースの時代の中で、スノーデン氏は、そのようなぎりぎりの状況に追い詰められながら、自らの良心にもとづいて、政府のしていることを、市民に知らせようと決断したのです。そして、その一人の人間の決断が世界を変えつつあるといえます。

二〇一七年二月にプーチン大統領がトランプ大統領にスノーデン氏を手土産代わりに引き渡すのではないかという噂が流れたことがありました。その直後二月十一日に、スノーデン氏自らが発信したツイッターを、最後に紹介しておきましょう。

I don't know if the rumors are true. But I can tell you this:
I am not afraid. There are things that must be said no matter the consequence.

その噂が真実かどうかはわかりません。しかし、私はあなたに次のことを伝えることができます。私は恐れていません。そのことの結果に関係なく、言わなければならないことがあるのだということを。

共謀罪の廃止のために闘い続ける私たちにとっても、このスノーデン氏の言葉は心にとどめなければならない言葉だと思います。

6

市民は共謀罪と市民監視にどのように向き合うべきか

本書の最後に、共謀罪法や警察の採用している監視捜査、さらにはスノーデン氏が明らかにした世界監視システムの中で、政府の施策に疑問を持つ市民は、どのようなことに気をつけながら、どのような覚悟を持って活動を続けていったら良いのかという点について、一緒に考えてみたいと思います。

一 ドイツに学ぶプライバシー保護と捜査機関に対する監督

1 ドイツ連邦憲法裁判所二〇〇八年二月二十七日判決

監視捜査によるプライバシーの侵害について、その歯止めとなる法制度は世界中で検討されていますし、その大きな流れを作っているのが、国連の人権機関です。そして、実際にこのプライバシー保護の法的仕組みの最先端の議論が展開されているのは、ドイツの連邦憲法裁判所であるといえるでしょう。

ドイツでは、データを収集、保存するということそのものが、基本権への侵害となると考えられています。基本権にかかわることなので、必ずそれを正当化するためには法律を作らなければならないとされています。また、そのような場合は、目的が明確でなければならず、その目的が変わった場合はまた別の法律を制定し、新たにその許可を得なければならないとされています。更に、データの収集、保存という行為には、必ず「データコミッショナー」のような独立した機関によるチェックが必要とされ、それによって、はじめて形式的に権利が保障されることになると考えられています。情報技術システムの機密性と不可侵性の保障に対する基本権、つまりＩＴ基本権については、情報自己決定権の不可侵ということだけでは弱いと解され、もっと、厳格な条件を定めるべきだと判断されています。つまり、状況に応じて裁量の余地を残すということではなく、電話の傍受よりもさらに強い介入であると捉え、ほとんど住居の不可侵への介入のようなものである、と位置付けているのです。

たとえば、個人のコンピューターを捜索するということは、いわゆる盗聴、住居での盗聴と同じように厳しいものであると解釈されています。それは、人の尊厳にかかわることでもあると捉えられています。コンピューターというものは、非常にその人の個人的な領域のものであり、人々の生活のコアな部分に入っていくようなものであると考えられています。例えば、どのようなサイトを閲覧したのか、ということも全部分かるし、また、誰と、どのような親密な対話があったのかということも全て分かってしまうからです。そのため、必ず我々は裁判官の令状が必要であるし、人の命にかかわる、あるいは国家の存続にかかわる、あるいは人であることの最低生活の保障にかかわるような、そういった法益が問題となっている非常に重度の犯罪でない限りその捜索は認められないとし、また、そのような捜査を行った場合は、必ずその通告することを義務づけています。

この私的生活の中核領域、絶対的保護領域に関わるような情報というものは、特に守られなければならないということは、連邦憲法裁判所の以前の判決の中にもあったことであり、こういった分野には捜索が及ばないことが望ましいが、しかしながら、捜索の必要性がある場合には、厳しいルールに基づいて行わなければならないという法理が示されたのです。

連邦憲法裁判所第一法廷は、二〇〇八年二月二十七日に、次のような判決主旨（Leitsze）の判決を下しています（植松健一「連邦刑事庁（ＢＫＡ）、ラスター捜査、オンライン捜索―憲法学的観点からみたドイツにおけるテロ対策の現段階　Ⅱ」『島大法学』五三巻二号八頁）。

① 一般的人格権は、ＩＴシステムの秘密性と完全性の保障に対する基本権（Grundrecht auf Gewhrleistung der Vertraulichkeit und Integritat informationstechnischer Systeme）を含む。

② ＩＴシステムのネットワークを監視し、その記憶媒体を解読することを可能にする当該ＩＴシステムへの秘密の侵入が憲法上許されるのは、極めて重要な法益（ein berragend wichtiges Rechtsgut）に対する具体的な危険についての事実上の手がかりが存在する場合に限られる。極めて重要な法益とは、人の身体、生命及び自由、又はその脅威が国家の存立や基盤若しくは人間の生存の基盤に関わるような公共の利益のことをいう。危険が極めて近い将来において発生するという十分な蓋然性がいまだ確認できない場合でも、特定の事実が、個別具体的な事案において特定された人物が脅かしている、極めて重要な法益に対する危険を示している限りにおいて、措置は正当化されうる。

③　ＩＴシステムに対する秘密の侵入は、原則として裁判官の令状の留保の下で、講ずることができる。このような侵害を授権する法律は、私生活形成の核心領域を保護するための予防策を設けねばならない。

④　授権が、コンピューター・ネット上の継続的な電子通信の内容や状態を把握し、あるいはそれに関連するデータを解析する手段たる国家的措置に限定されている場合には、侵害は基本法一〇条一項[注1]に照らして評価されねばならない。

⑤　国家が右目的のため技術上予定された方法でインターネット・コミュニケーションの内容に関する情報を入手する場合に、基本法一〇条一項への侵害が生じるのは、国家機関がコミュニケーション当事者から閲覧の承諾を得ていないときに限られる。

⑥　国家が一般的にアクセスできるインターネットの中でコミュニケーションの内容を徴集したり、一般的にアクセスできるコミュニケーション過程に関与する場合には、原

注1　ドイツ基本法　第一〇条［通信の秘密］
(1)信書の秘密ならびに郵便および電気通信の秘密は、不可侵である。
(2)制限は、法律に基づいてのみ行うことができる。その制限が、自由で民主的な基本秩序の擁護、または連邦およびラントの存立もしくは安全の擁護のためのものであるときは、法律により、その制限が当事者に通知されないこと、および裁判上の方法に代えて、議会の選任した機関および補助機関によって事後審査を行うことを定めることができる。

則として国家は基本権を侵害するものではない。

2 データコミッショナー制度

ドイツでは、個人情報の保護と情報の自由のためにデータコミッショナーが連邦と州のレベルで選任されています。ここでは、連邦の制度を解説します。最初にコミッショナー（BfDI）が選任されたのは一九七八年のことです。二〇〇六年一月一日にドイツの情報自由法の施行以降は、連邦政府のデータ保護と情報の自由（BfDI）委員長は、データ保護のみならず、情報の自由についても活動しています。二〇一六年以降は、EUの規制に準拠した独立した連邦政府機関とされています。この法律が施行される前は、「連邦データ保護委員長（BfDI）」と呼ばれていました。

ドイツ連邦政府が彼を指名し、ドイツ連邦議会が選出することとされています。任期中、給与グループB九の連邦公務員に見合った報酬を受け取ります。この点で、公務員といえますが、公務員の地位ではありません。実際にはプライバシーや情報公開の専門家がNGOから選ばれているようです。

任期は五年で再選することができます。連邦コミッショナーは、法的規制に従って、必要な人員および施設を利用できます。ドイツ連邦データ保護法（FDPA）（Bundesdatenschutzgesetz（BDSG））によれば、連邦委員は、連邦政府の職場、企業、電気通信および郵便事業におけるデータ保護の監視を提供する独立した管理機関です。半年ごとに活動報告を作成することとされています。この制度の画期的な点は、政府が収集しているデータを、そのまま見聞することができ、その収集の方法が不適切と考えれば、そのデータの削除や収集方法の変更を命ずることができる点です。

3　日本で、どのような制度を目指すべきか

日本にも、人権保障のために政府から独立した委員会が、民間から選任され公的機関の活動を監視、改善勧告している制度があります。刑事施設視察委員会、留置施設視察委員会、入管収容施設視察委員会、少年刑事施設視察委員会などの拘禁施設の視察委員会制度がそれです。

これらの制度は、名古屋刑務所における悲惨な拷問死亡事件をきっかけとして成立した刑事被収容者処遇法（二〇〇五年に制定）によって刑事施設視察委員会・留置施設視察委員会ができ、その後他の拘禁施設に拡大されてきたものです。弁護士会や医師会から推薦を受けた委員がほぼ例外なく選任され（いくつかの県の留置施設視察委員会が弁護士会の推薦を受け入れていない例外が残っている）、独立の立場で施設を視察し、被拘禁者から意見を聞き、所内の書類なども目を通すことができます。

あらゆる人権課題について活動することのできる「人権擁護委員会」を作る法案が、民主

党政権時に政府によって提案され、自民党の反対で成立せず、国連の提唱する国内人権機関が実現していません。この機関がデータ保護と情報公開のために活動することを目指すという考えもあり得ます（小池振一郎弁護士の提案）。政府が一度は制度提案した組織ですから、政権の対応が変われば実現に最も近いともいえます。

しかし、公安警察や自衛隊の情報保全隊のような秘密性の高い機関を効果的に監視し、実効性のある監督を実現するためには、ドイツのデータコミッショナーのように、特定された分野で活動する組織を作り、ここに弁護士会や個人情報保護・情報公開の分野で活動してきた市民団体（たとえば情報公開クリアリングハウスのような団体を想定することができます）から、委員を選任して活動することができれば、実効性の高い制度を作ることができるのではないかと考えます。二〇一六年に内閣府の外局として設置された個人情報保護委員会は、独立性の高い機関ですが、民間における個人情報の取り扱いを監督するだけで、公的機関を対象としていません。この機関に公的機関を所管させるという提案もあり得ます。このとき、前述した視察委員会制度の経験を活かすことができるのではないでしょうか。

二　今後どのように共謀罪が実際に適用できないよう形骸化することができるか

共謀罪が今後どのように使われるかを占うことは大変難しいことです。七月十一日の法

法施行の日、議員会館前で共謀罪廃止を叫ぶ著者（2017年7月11日、撮影杉原こうじ）

施行に際して法務大臣の訓令が出ています。共謀罪案件が起きた場合、その節目ごとに状況を法務大臣に報告するように求めた訓令です。さらに、八月には成立した組織犯罪処罰法の改正法の解説が公表されました。その内容を、私たちの論理的な批判の対象とすることが必要でしょうが、適用の拡大よりは限定して施行するよう求める内容にまとめられているといえます。少なくとも、検察庁・法務省は、今のところこの法律を慎重に取り扱おうとしているように見えます。

他方で、秘密保護法や共謀罪法の制定について号令をかけてきた官邸の北村滋内閣情報官などは、前のめりにこの法律を使おうとするはずです。警察庁は、早く実績を作り、反対の声を払拭したいと考えていると思います。公安警察と法務省の間に温度差があることは確かです。

このような複雑な状況の下で、私にいえることは、廃止運動を派手にやることこそが共謀罪法の適用とその拡大の防止の決め手となるだろうということです。茨城県で脱原発を掲げて県知事選に立候補した鶴田まこみ候補は、その公約で条例を制定し、地域的に共謀罪を適用させないという提案もしていました。法の適用を条例で排除することができるかどうかは興味深い法的なテーマですが、何らかの歯止めを掛ける条例の制定は可能でしょう。

日本では、憲法裁判所を持つ国とは異なり、具体的な事件を離れて法の違憲性を裁判所で争う方法がないのですが、刑事事件が起きれば、その刑事事件を違憲訴訟として闘うことも可能です。暴力団の被告が違憲訴訟を争って勝てるかという実質的な問題はありますが、GPS違憲訴訟も、窃盗を認めていた被告人が争って、捜査の違法性が認められたものです。

国連の人権機関である自由権規約委員会や人権理事会で共謀罪法の人権侵害的な性格を取り上げてもらい、政府に対する改善勧告を出してもらう努力も必要です。カナタチさんに日本政府の答弁を踏まえて、来年の人権理事会に正式の報告書（改善勧告）を出してもらうことも追求していきたいと思います。

資料1　改正組織犯罪処罰法　六条の二

「次の各号に掲げる罪に当たる行為で、テロリズム集団その他の組織的犯罪集団（団体のうち、その結合関係の基礎としての共同の目的が別表第三に掲げる罪を実行することにあるものをいう。次項において同じ）の団体の活動として、当該行為を実行するための組織により行われるものの遂行を二人以上で計画した者は、その計画をした者のいずれかによりその計画に基づき資金又は物品の手配、関係場所の下見その他の計画をした犯罪を実行するための準備行為が行われたときは、当該各号に定める刑に処する。ただし、実行に着手する前に自首した者は、その刑を減軽し、又は免除する。

一　別表第四に掲げる罪のうち、死刑又は無期若しくは長期十年を超える懲役若しくは禁錮の刑が定められているもの、五年以下の懲役又は禁錮

二　別表第四に掲げる罪のうち、長期四年以上十年以下の懲役又は禁錮の刑が定められているもの、二年以下の懲役又は禁錮

2　前項各号に掲げる罪に当たる行為で、テロリズム集団その他の組織的犯罪集団に不正権益を得させ、又はテロリズム集団その他の組織的犯罪集団の不正権益を維持し、若しくは拡大する目的で行われるものの遂行を二人以上で計画した者も、その計画をした者のいずれかによりその計画に基づき資金又は物品の手配、関係場所の下見その他の計画をした犯罪を実行するための準備行為が行われたときは、前項と同様とする。」

資料2 「共謀罪」の対象となる二七七の罪

組織犯罪処罰法別表第4から作成。

【テロの実行に関する犯罪＝一一〇】

（刑法） 内乱等ほう助▽騒乱▽現住建造物等放火▽非現住建造物等放火▽建造物等以外放火▽激発物破裂▽現住建造物等浸害▽非現住建造物等浸害▽往来危険▽汽車転覆等▽水道汚染▽水道毒物等混入▽水道損壊及び閉塞▽傷害▽未成年者略取及び誘拐▽営利目的等略取及び誘拐▽所在国外移送目的略取及び誘拐▽被略取者等所在国外移送▽営利拐取等ほう助目的被拐取者収受▽営利被拐取者収受▽身代金被拐取者収受等▽電子計算機損壊等業務妨害▽強盗

（組織犯罪処罰法） 組織的な殺人▽組織的な逮捕監禁▽組織的な強要▽組織的な身代金目的略取等▽組織的な威力業務妨害▽組織的な建造物等損壊

（爆発物取締罰則） 製造・輸入・所持・注文▽ほう助のための製造・輸入等▽製造・輸入・所持・注文＝第1条の犯罪の目的でないことが証明できないとき

（海底電信線保護万国連合条約罰則） 海底電信線の損壊

（外為法） 国際的な平和及び安全の維持を妨げることとなる無許可取引等▽特定技術提供目的の無許可取引等

（電波法） 電気通信業務等の用に供する無線局の無線設備の損壊等

（文化財保護法） 重要文化財の損壊等▽史跡名勝天然記念物の滅失等

（道路運送法） 自動車道における自動車往来危険▽事業用自動車の転覆等

（森林法） 他人の森林への放火

（刑事特別法） 軍用物の損壊等

（有線電気通信法） 有線電気通信設備の損壊等

（武器等製造法） 銃砲の無許可製造▽銃砲弾の無許可製造▽猟銃等の無許可製造

（ガス事業法） ガス工作物の損壊等

（関税法） 輸入してはならない貨物の輸入▽輸入してはならない貨物の保税地域への蔵置等▽無許可輸

出等▽輸出してはならない貨物の運搬等
（自衛隊法）自衛隊の所有する武器等の損壊等
（高速自動車国道法）高速自動車国道の損壊等
（水道法）水道施設の損壊等
（銃刀法）拳銃等の発射▽拳銃等の輸入▽拳銃等の所持等▽拳銃等の譲り渡し等▽営利目的の拳銃等の譲り渡し等▽偽りの方法による許可▽拳銃実包の輸入▽拳銃実包の所持▽拳銃実包の譲り渡し等▽猟銃の所持等▽拳銃等の輸入に係る資金等の提供
（下水道法）公共下水道の施設の損壊等
（道交法）不正な信号機の操作等
（新幹線特例法）自動列車制御設備の損壊等
（電気事業法）電気工作物の損壊等
（海底電線等損壊行為処罰法）海底電線の損壊▽海底パイプライン等の損壊
（ハイジャック防止法）航空機の強取等▽航空機の運航阻害
（火炎瓶処罰法）火炎瓶の使用
（熱供給事業法）熱供給施設の損壊等
（航空危険行為処罰法）航空危険▽航行中の航空機を墜落させる行為等▽業務中の航空機の破壊等▽業務中の航空機内への爆発物等の持ち込み
（人質強要処罰法）人質による強要等▽加重人質強要
（生物兵器禁止法）生物兵器等の使用▽生物剤等の発散▽生物兵器等の製造▽生物兵器等の所持等
（流通食品毒物混入防止法）流通食品への毒物の混入等
（化学兵器禁止法）化学兵器の使用▽毒性物質等の発散▽化学兵器の製造▽化学兵器の所持等▽毒性物質等の製造等
（サリン等人身被害防止法）サリン等の発散▽サリン等の製造等
（感染症予防法）一種病原体等の発散▽一種病原体等の輸入▽一種病原体等の所持等▽二種病原体等の輸入
（対人地雷禁止法）対人地雷の製造▽対人地雷の所持
（公衆等脅迫目的の犯罪行為のための資金等の提供等の処罰に関する法律）公衆等脅迫目的の犯罪行為を実行しようとする者による資金等を提供させる行為▽公衆等脅迫目的の犯罪行為を実行しようとする者以外の者による資金等の提供等
（放射線発散処罰法）放射線の発散等▽原子核分裂等装置の製造▽原子核分裂等装置の所持等▽特定核燃料物質の輸出入▽放射性物質等の使用の告知による脅迫▽特定核燃料物質の窃取等の告知による強要

（海賊対処法）海賊行為
（クラスター弾禁止法）クラスター弾等の製造▽クラスター弾等の所持
【薬物に関する犯罪＝二九】
（刑法）あへん煙輸入等▽あへん煙吸食器具輸入等▽あへん煙吸食のための場所提供
（大麻取締法）大麻の栽培等▽大麻の所持等▽大麻の使用等
（覚せい剤取締法）覚醒剤の輸入等▽覚醒剤の所持等▽営利目的の覚醒剤の所持等▽覚醒剤の使用等▽営利目的の覚醒剤の使用等▽管理外覚醒剤の施用等
（麻薬取締法）ジアセチルモルヒネ等の輸入等▽ジアセチルモルヒネ等の製剤等▽営利目的のジアセチルモルヒネ等の製剤等▽ジアセチルモルヒネ等の施用等▽営利目的のジアセチルモルヒネ等の施用等▽ジアセチルモルヒネ等以外の麻薬の輸入等▽営利目的のジアセチルモルヒネ等以外の麻薬の輸入等▽ジアセチルモルヒネ等以外の麻薬の製剤等▽麻薬の施用等▽向精神薬の輸入等▽営利目的の向精神薬の譲り渡し等
（関税法）輸出してはならない貨物の輸出
（あへん法）けしの栽培等▽営利目的のけしの栽培等▽あへんの譲り渡し等
（医薬品医療機器法）業として行う指定薬物の製造等
（麻薬特例法）薬物犯罪収益等隠匿
【人身に関する搾取犯罪＝二八】
（刑法）強制わいせつ▽強姦▽準強制わいせつ▽準強姦▽人身売買
（労働基準法）強制労働
（職業安定法）暴行等による職業紹介等
（児童福祉法）児童淫行
（船員職業安定法）暴行等による船員職業紹介等
（入管難民法）在留カード偽造等▽偽造在留カード等所持▽集団密航者を不法入国させる行為等▽営利目的の集団密航者の輸送▽集団密航者の収受等▽営利目的の難民旅行証明書等の不正受交付等▽営利目的の不法入国者等の蔵匿等
（旅券法）旅券等の不正受交付等
（売春防止法）対償の収受等▽業として行う場所の提供▽売春をさせる業▽資金等の提供
（労働者派遣法）有害業務目的の労働者派遣
（入管特例法）特別永住者証明書の偽造等▽偽造特別永住者証明書等の所持
（臓器移植法）臓器売買等
（児童買春・ポルノ禁止法）児童買春周旋▽児童買春

勧誘▽児童ポルノ等の不特定又は多数の者に対する提供等

【その他資金源犯罪＝一〇二】

（刑法）通貨偽造及び行使等▽外国通貨偽造及び行使等▽有印公文書偽造等▽有印虚偽公文書作成等▽公正証書原本不実記載等▽偽造公文書行使等▽有印私文書偽造等▽偽造私文書等行使▽私電磁的記録不正作出及び供用▽公電磁的記録不正作出及び供用▽有価証券偽造等▽偽造有価証券行使等▽支払用カード電磁的記録不正作出等▽不正電磁的記録カード所持▽公印偽造及び不正使用等▽墳墓発掘死体損壊等▽収賄▽事前収賄▽第三者供賄▽加重収賄▽事後収賄▽あっせん収賄▽窃盗▽不動産侵奪▽事後強盗▽昏睡（こんすい）強盗▽電子計算機使用詐欺▽背任▽準詐欺▽横領▽盗品有償譲り受け等

（組織犯罪処罰法）組織的な封印等破棄▽組織的な強制執行妨害目的財産損壊等▽組織的な強制執行行為妨害等▽組織的な強制執行関係売却妨害▽組織的な常習賭博▽組織的な賭博場開帳等図利▽組織的な信用毀損・業務妨害▽組織的な詐欺▽組織的な恐喝▽不法収益等による法人等の事業経営の支配を目的とする行為▽犯罪収益等隠匿

（外国貨幣の偽造に関する法律）偽造等▽偽造外国流通貨幣等の輸入▽偽造外国流通貨幣等の行使等

（印紙犯罪処罰法）偽造等▽偽造印紙等の使用等

（郵便法）切手類の偽造等

（金融商品取引法）虚偽有価証券届出書等の提出等▽内部者取引等

（競馬法）無資格競馬等

（自転車競技法）無資格自転車競走等

（小型自動車競走法）無資格小型自動車競走等

（文化財保護法）重要文化財の無許可輸出

（地方税法）軽油等の不正製造▽軽油引取税に係る脱税

（商品先物取引法）商品市場における取引等に関する風説の流布等

（投資信託及び投資法人に関する法律）投資主の権利の行使に関する利益の受供与等についての威迫行為

（ニーターボート競走法）無資格モーターボート競走等

（森林法）保安林の区域内における森林窃盗▽森林窃盗の贓（ぞう）物の運搬等

（関税法）偽りにより関税を免れる行為等

（出資法）高金利の契約等▽業として行う高金利の契

約等▽高保証料▽保証料がある場合の高金利等▽業として行う著しい高金利の脱法行為等
（補助金適正化法）不正の手段による補助金等の受交付等
（特許法）特許権等の侵害
（実用新案法）実用新案権等の侵害
（意匠法）意匠権等の侵害
（商標法）商標権等の侵害
（所得税法）偽りその他不正の行為による所得税の免脱等▽偽りその他不正の行為による所得税の免脱▽所得税の不納付
（法人税法）偽りにより法人税を免れる行為等
（著作権法）著作権等の侵害等
（廃棄物処理法）無許可廃棄物処理業等
（貸金業法）無登録営業等
（消費税法）偽りにより消費税を免れる行為等
（種の保存法）国内希少野生動植物種の捕獲等
（不正競争防止法）営業秘密侵害等▽不正競争等
（保険業法）株主等の権利の行使に関する利益の受供与等についての威迫行為
（スポーツ振興投票法）無資格スポーツ振興投票
（種苗法）育成者権等の侵害
（資産の流動化に関する法律）社員等の権利等の行使に関する利益の受供与等についての威迫行為
（民事再生法）詐欺再生▽特定の債権者に対する担保の供与等
（電子署名等に係る地方公共団体情報システム機構の認証業務に関する法律）不実の署名用電子証明書等を発行させる行為
（会社更生法）詐欺更生▽特定の債権者等に対する担保の供与等
（破産法）詐欺破産▽特定の債権者に対する担保の供与等
（会社法）会社財産を危うくする行為▽虚偽文書行使等▽預合い▽株式の超過発行▽株主等の権利の行使に関する贈収賄▽株主等の権利の行使に関する利益の受供与等についての威迫行為
（放射性物質汚染対処特別措置法）汚染廃棄物等の投棄等

【司法妨害に関する犯罪＝九】

（刑法）加重逃走▽被拘禁者奪取▽逃走援助▽偽証
（組織犯罪処罰法）組織的な犯罪に係る犯人蔵匿等
（爆発物取締罰則）爆発物の使用、製造等の犯人の蔵匿等
（刑事特別法）偽証
（国際刑事裁判所に対する協力等に関する法律）組織的な犯罪に係る証拠隠滅等▽偽証

あとがき　もう隷従はしないと決意せよ

本書は、共謀罪法の成立後も全国各地で続けられている共謀罪の廃止を求める活動、憲法九条の改悪に反対する活動、原発の再稼働に反対する活動、米軍の基地に反対する活動などに取り組む市民の皆さんから寄せられる切実な疑問に答えようと考えをまとめて書いたものです。

政府の圧力を前に萎縮してはならないという理念と今後の活動に当たっての実務的な賢い対応の両立を図るという欲張りな観点で書いています。運動に取り組む人々が無力感とあきらめに陥り、闘いの隊列から離れてしまうことのないよう、祈りを込めて書いた本です。

西谷修先生が紹介されたエチエンヌ・ド・ラ・ボエシの『自発的隷従論』（西谷修監修、山上浩嗣訳、ちくま学芸文庫、二〇一三年）は、自由の意義について書かれた古典的な名著ですが、共謀罪が制定された今こそ、読み返されるべきだと思います。

「たしかに、人はまず最初に、力によって強制されたり、うち負かされたりして隷従する。だが、のちに現れる人々は、悔いもなく隷従するし、先人たちが強制されてなしたことを、進んで行うようになる。そういうわけで、軛のもとに生まれ、隷従状態のもとで発育し成長する者たちは、もはや前を見ることもなく、生まれたままの状態で満足し、自分が見いだしたもの以外の善や権利を所有しようなどとはまったく考えず、生まれた状態を自分にとって自然なものと考えるのである」(三五頁)

「人は、手にしたことがないものの喪失を嘆くことは決してないし、哀惜は袂のあとにしか生まれない。また、不幸の認識は、つねに過ぎ去った喜びの記憶とともにあるものだ。たしかに人間の自然は、自由であること、あるいは自由を望むことにある。しかし同時に、教育によって与えられる性癖を自然に身につけてしまうということもまた、人間の自然なのである」(四三頁)

「もう隷従はしないと決意せよ。するとあなたがたは自由の身だ。敵を突き飛ばせとか、振り落とせと言いたいのではない。ただこれ以上支えずにおけばよい。そうすればそいつがいまに、土台を奪われた巨像のごとく、自らの重みによって崩落し、破滅するのが見られるだろう」(二四頁)

ひとたび、人が自由を渇望する精神の働きを喪ってしまえば、これを取り戻すことはとても難しいでしょう。

私は、前著『戦争する国のつくり方』で、日本の戦争を支えた治安維持法と軍機保護法、国防保安法、国家総動員法、情報局などの情報統制の制度、隣組制度などについて調べてまとめました。戦前にも多くの社会を革新しようとする運動がありましたし、労働者や農民の闘いがありました。それらが、満州事変後に煽られたナショナリズムによって転向し、また自ら活動を控えることによって窒息させられていったこと、そして治安維持法が拡大適用されていくことに対して、組織的な抵抗が弱かったといえると思います。共産党系の運動がターゲットとされているときにこれを救援しようとした合法的な組合運動や弁護士の組織的な救援の活動もあったのですが、それらの活動も治安維持法の目的遂行罪の対象とされ、抵抗はどんどん難しくなっていったのです。

悪法との闘いは、法律が成立したあとこそが正念場です。最初は暴力団が対象とされたとしても、このまま見過ごすことは危険です。すぐに、次なる刃は私たちに向けられてくると考えて準備を始めましょう。本書を、共謀罪に反対する活動を共に闘ってくれた全国の仲間たちに捧げます。

表現の自由とプライバシーの権利と民主主義政治の三つの価値は、相互に支え合い、社会をよりよいものへ進化させていくための必須のエレメントなのです。本書が、安倍政権の作り出す深い闇の中で希望を見失わず、闘い続ける仲間たちに届くことを願って筆をおきます。

もう隷従はしないと決意せよ。

参考文献

○小倉利丸・海渡雄一『危ないぞ共謀罪』（樹花舎、二〇〇六年）
○海渡雄一・保坂展人『共謀罪とは何か』（岩波ブックレット、二〇〇六年）
○海渡雄一・グリーンピース・ジャパン『刑罰に脅かされる表現の自由―NGO・ジャーナリストの知る権利をどこまで守れるか？』（GENJINブックレット、二〇〇九年）
○海渡雄一『秘密保護法対策マニュアル』（岩波ブックレット、二〇一五年）
○山下幸夫編『「共謀罪」なんていらない?!』（合同出版、二〇一六年）
○平岡秀夫・海渡雄一『新共謀罪の恐怖』（緑風出版、二〇一七年）
○村井俊邦・海渡雄一編『可視化・盗聴・司法取引を問う』（日本評論社、二〇一七年）
○海渡雄一編『戦争する国のつくり方』（彩流社、二〇一七年）
○高山佳奈子『共謀罪の何が問題か』（岩波ブックレット、二〇一七年）
○田島泰彦『物言えぬ恐怖の時代がやってくる　共謀罪とメディア』（花伝社、二〇一七年）
○共謀罪法案に反対するビジネスロイヤーの会『ビジネスが危ない！　共謀罪の真実』（ジェネシスビジネス出版、二〇一七年）
○松宮孝明『共謀罪を問う』（法律文化社、二〇一七年）
○法学セミナー編集部編『共謀罪批判』（日本評論社、二〇一七年）

[著者略歴]

海渡雄一（かいど・ゆういち）
1955年生まれ。1981年弁護士登録、原発訴訟、監獄訴訟、盗聴法・共謀罪・秘密保護法などの反対運動などに従事。東京共同法律事務所所属。2010年4月から2012年5月まで日弁連事務総長、日弁連共謀罪対策本部副本部長、脱原発弁護団全国連絡会共同代表、監獄人権センター代表
著書に『原発訴訟』（岩波新書　2011年）、『共謀罪とは何か』（保坂展人と共著岩波ブックレット　2006年）、『反原発へのいやがらせ全記録』（海渡雄一編　明石書店　2014年）、『秘密保護法対策マニュアル』（岩波ブックレット　2015年）、『戦争する国のつくり方』（彩流社　2017年）、『可視化・盗聴・司法取引を問う』（村井敏邦との共編著　日本評論社　2017年）、『新共謀罪の恐怖——危険な平成の治安維持法』（平岡秀夫との共著　緑風出版　2017年）など。

共謀罪《きょうぼうざい》は廃止《はいし》できる

2017年10月25日　初版第1刷発行　　定価1200円＋税

著　者　海渡雄一 ©
発行者　高須次郎
発行所　緑風出版
〒113-0033　東京都文京区本郷2-17-5　ツイン壱岐坂
［電話］03-3812-9420　［FAX］03-3812-7262［郵便振替］00100-9-30776
［E-mail］info@ryokufu.com［URL］http://www.ryokufu.com/

装　幀　斎藤あかね　　カバー写真提供　杉原こうじ・金浦蜜鷹
制　作　R 企 画　　印　刷　中央精版印刷・巣鴨美術印刷
製　本　中央精版印刷　　用　紙　中央精版印刷・大宝紙業　E2000

ISBN978-4-8461-1718-4　C0036